Gerechter Frieden

Reihe herausgegeben von
Ines-Jacqueline Werkner, Heidelberg, Deutschland
Sarah Jäger, Heidelberg, Deutschland

„Si vis pacem para pacem" (Wenn du den Frieden willst, bereite den Frieden vor.) – unter dieser Maxime steht das Leitbild des gerechten Friedens, das in Deutschland, aber auch in großen Teilen der ökumenischen Bewegung weltweit als friedensethischer Konsens gelten kann. Damit verbunden ist ein Perspektivenwechsel: Nicht mehr der Krieg, sondern der Frieden steht im Fokus des neuen Konzeptes. Dennoch bleibt die Frage nach der Anwendung von Waffengewalt auch für den gerechten Frieden virulent, gilt diese nach wie vor als Ultima Ratio. Das Paradigma des gerechten Friedens einschließlich der rechtserhaltenden Gewalt steht auch im Mittelpunkt der Friedensdenkschrift der Evangelischen Kirche in Deutschland (EKD) von 2007. Seitdem hat sich die politische Weltlage erheblich verändert; es stellen sich neue friedens- und sicherheitspolitische Anforderungen. Zudem fordern qualitativ neuartige Entwicklungen wie autonome Waffensysteme im Bereich der Rüstung oder auch der Cyberwar als eine neue Form der Kriegsführung die Friedensethik heraus. Damit ergibt sich die Notwendigkeit, Analysen fortzuführen, sie um neue Problemlagen zu erweitern sowie Konkretionen vorzunehmen. Im Rahmen eines dreijährigen Konsultationsprozesses, der vom Rat der EKD und der Evangelischen Friedensarbeit unterstützt und von der Evangelischen Seelsorge in der Bundeswehr gefördert wird, stellen sich vier interdisziplinär zusammengesetzte Arbeitsgruppen dieser Aufgabe. Die Reihe präsentiert die Ergebnisse dieses Prozesses. Sie behandelt Grundsatzfragen (I), Fragen zur Gewalt (II), Frieden und Recht (III) sowie politisch-ethische Herausforderungen (IV).

Weitere Bände in der Reihe http://www.springer.com/series/15668

Sarah Jäger · Wolfgang S. Heinz
(Hrsg.)

Frieden durch Recht – Rechtstraditionen und Verortungen

Frieden und Recht · Band 5

Hrsg.
Sarah Jäger
Forschungsstätte
der Evangelischen
Studiengemeinschaft e.V.
Heidelberg, Deutschland

Wolfgang S. Heinz
Freie Universität Berlin
Berlin, Deutschland

ISSN 2662-2726 ISSN 2662-2734 (electronic)
Gerechter Frieden
ISBN 978-3-658-28714-6 ISBN 978-3-658-28715-3 (eBook)
https://doi.org/10.1007/978-3-658-28715-3

Die Deutsche Nationalbibliothek verzeichnet diese Publikation in der Deutschen Nationalbibliografie; detaillierte bibliografische Daten sind im Internet über http://dnb.d-nb.de abrufbar.

© Springer Fachmedien Wiesbaden GmbH, ein Teil von Springer Nature 2020
Das Werk einschließlich aller seiner Teile ist urheberrechtlich geschützt. Jede Verwertung, die nicht ausdrücklich vom Urheberrechtsgesetz zugelassen ist, bedarf der vorherigen Zustimmung des Verlags. Das gilt insbesondere für Vervielfältigungen, Bearbeitungen, Übersetzungen, Mikroverfilmungen und die Einspeicherung und Verarbeitung in elektronischen Systemen.
Die Wiedergabe von allgemein beschreibenden Bezeichnungen, Marken, Unternehmensnamen etc. in diesem Werk bedeutet nicht, dass diese frei durch jedermann benutzt werden dürfen. Die Berechtigung zur Benutzung unterliegt, auch ohne gesonderten Hinweis hierzu, den Regeln des Markenrechts. Die Rechte des jeweiligen Zeicheninhabers sind zu beachten.
Der Verlag, die Autoren und die Herausgeber gehen davon aus, dass die Angaben und Informationen in diesem Werk zum Zeitpunkt der Veröffentlichung vollständig und korrekt sind. Weder der Verlag, noch die Autoren oder die Herausgeber übernehmen, ausdrücklich oder implizit, Gewähr für den Inhalt des Werkes, etwaige Fehler oder Äußerungen. Der Verlag bleibt im Hinblick auf geografische Zuordnungen und Gebietsbezeichnungen in veröffentlichten Karten und Institutionsadressen neutral.

Springer VS ist ein Imprint der eingetragenen Gesellschaft Springer Fachmedien Wiesbaden GmbH und ist ein Teil von Springer Nature.
Die Anschrift der Gesellschaft ist: Abraham-Lincoln-Str. 46, 65189 Wiesbaden, Germany

Inhalt

Frieden durch Recht. Rechtstraditionen und Verortungen.
Eine Einführung 1
Sarah Jäger

Frieden durch Recht. Modelle evangelischer Rechtsethik
im Horizont globaler Ordnungssuche 13
André Munzinger

Die deutsche Sprache des Rechts.
Ein völkerrechtspolitischer Sonderweg? 33
Lothar Brock und Hendrik Simon

Frieden durch Recht im Lichte unterschiedlicher
Rechtstraditionen. Die angelsächsische Perspektive 67
Paulina Starski

„Frieden durch Recht" aus französischer Perspektive 93
Carolyn Moser

Das Paradigma Frieden durch Recht im
Völkerrechtsverständnis Russlands........................121
Martina Haedrich

Frieden, Recht und Good Governance im alten
und neuen China 159
Gerd Kaminski

Rechtstraditionen, Legitimierung von Gewalteinsatz
und gerechter Frieden. Synthese und Ausblick 179
Wolfgang S. Heinz

Autorinnen und Autoren................................197

Frieden durch Recht.
Rechtstraditionen und Verortungen
Eine Einführung

Sarah Jäger

1   Einleitung

„Wir argumentieren, dass angesichts der Ubiquität nationaler Machtpolitik einerseits sowie einer ungeordneten Vielfalt multipler normativer Ansprüche in den internationalen Beziehungen andererseits […] der Übergang vom illegitimen Zwang willkürlicher Gewalt zum legitimen Zwang des Rechts zwar stets in Gefahr ist, von der in das Recht eingebauten Willkür eingeholt zu werden; dass es aber dennoch Fortschritte im Sinne einer Eindämmung von Willkür geben kann" (Brock und Simon 2018, S. 272).

In diesem Zitat des Politikwissenschaftlers und Friedensforschers Lothar Brock scheinen zentrale Dimensionen des Konzeptes Frieden durch Recht und der damit verbundenen rechtserhaltenden Gewalt ebenso wie seiner Herausforderungen auf. Frieden als Rechtsordnung richtet sich grundsätzlich auf die Überwindung willkürlicher Gewalt zugunsten eines rechtlich gezähmten Zwanges. „Die Konsolidierung der Herrschafts- und Rechtsordnung mit dem Gewaltmonopol des Staates ist in diesem Verständnis die Grundlage des Kulturzustandes, in dem das Miteinander der Menschen durch das Recht bestimmt wird und nicht mehr durch Gewalt" (Oeter 2018, S. 99). Einer der Gewährsmänner dieser Argumentation ist Immanuel Kant. Eine Ethik rechtserhaltender Gewalt nimmt Teil an seiner Idee „Frieden durch Recht" von 1795, der Idee einer internationalen Rechtsordnung, die kollektive Gewalt dauerhaft einhegen sollte, wie er sie in seiner Schrift „Zum ewigen Frieden" niedergelegt hat (vgl. Kant 1977 [1796], S. 216). Für diese gilt

> „Um Frieden zu stiften, bedarf es zuerst der Errichtung einer Rechtsordnung mit verallgemeinerungsfähigen Grundsätzen. Dazu gehört innerstaatlich das Gebot des Rechtsgehorsams, zwischenstaatlich das Verbot des Angriffskrieges" (Lienemann 1997, S. 51).

2 Frieden durch Recht – eine historische Annäherung

Lothar Brock (2010) betont, dass Frieden Teil der Geschichte des Krieges sei, obwohl der Frieden zumeist unter dem Vorbehalt neuer Kriege gestanden habe. Dabei lassen sich verschiedene Entwicklungen konstatieren: Die älteste Theorie zu Rechtfertigung und Kritik unilateraler militärischer Gewalt ist zum ersten die Lehre vom gerechten Krieg. Hier markierte etwa die Reformation einen wichtigen Einschnitt. Sie wirkte katalytisch auf die Herausbildung des modernen Staates und die Verrechtlichung überstaatlicher Beziehungen. Die Aufklärung bemühte sich nun zum zweiten, diese Bindung des Friedens an den Krieg zu lösen. Dies war schon das Anliegen des klassischen Völkerrechts, es fokussierte sich jedoch eher auf die Gewalt im Krieg. Gerade im Dreißigjährigen Krieg wurde Gewalt auf solch gnadenlose Weise erfahren, dass eine starke Staatsmacht nötig schien, um den Kampf aller gegen alle zu beenden. Weltliche Herrschaft und staatliches Recht wurden nun im Kern durch die menschliche Vernunft legitimiert (vgl. Oeter

2018, S. 99). Hier setzte dann auch Kant mit seinem Bemühen an, durch Recht die Freiheit willkürlichen Gewaltgebrauches zu überwinden. Dies verband er mit „dem Gebot der Demokratie für die Etablierung rechtlich geregelter Verhältnisse zwischen den Staaten in Gestalt eines Friedensbundes" (Brock 2010, S. 17). Die Vernunft gebiete nun in besonderer Weise, die bisherige gesetzlose Freiheit hinter sich zu lassen und dafür das Recht des Krieges im Rahmen des Völkerrechtes in ein Friedensrecht umzuwandeln (vgl. Brock 2004, S. 2). Auf der nationalstaatlichen Ebene wurde dieser Anspruch durch die Monopolisierung von Gewalt gelöst und durch die Bindung an das Recht davor bewahrt, willkürlich ausgeübt zu werden. Diese drei Rechtfertigungsstrategien des Krieges (freies Recht zum Kriegführen, gerechter Krieg und Selbstbindung an das positive Recht) begegneten sich nun in den Diskursen des 19. Jahrhunderts. Mitte jenes Jahrhunderts änderte sich der Fokus des Völkerrechts, es richtete sich nun verstärkt darauf, menschliches Leid im Krieg zu lindern. Im 20. Jahrhundert entwickelten sich Ansätze zur Verrechtlichung des Gewaltgebrauchs. So schufen die beiden Haager Konferenzen einen Ansatz zur Eindämmung von Selbsthilfe durch die internationale Schiedsgerichtsbarkeit. Die traumatischen Erfahrungen des Ersten Weltkrieges führten zur Entstehung des völkerrechtlichen Gewaltverbotes in Gestalt des Briand-Kellogg-Pakts. Dies hatte im Rahmen internationaler Politik zur Folge, dass Gewaltanwendung nun häufig durch rechtliche Rechtfertigungsstrategien begleitet wurde (vgl. Bothe 2010). Immer mehr waren die Staaten also willens, sich der von Kant geforderten Vernunft zu unterwerfen. Der Ausgang des Zweiten Weltkriegs führte bei der Gründung der Vereinten Nationen dazu, dass ein allgemeines Gewaltverbot etabliert wurde. Hier wurde eine dem Gewaltverbot entsprechende Friedenspflicht etabliert und der Frieden sollte damit von einer Idee zu einer Norm werden.

Nun muss die Ausübung von Gewalt durch den Sicherheitsrat sanktioniert werden.

3 Diskurse um Frieden durch Recht im Protestantismus

> „Das ethische Leitbild des gerechten Friedens ist zu seiner Verwirklichung auf das Recht angewiesen. Es ist deshalb zu konkretisieren in Institutionen, Regeln und Verfahren eines international vereinbarten Rechtszustands, der friedensethischen Anforderungen genügt. So wenig die Ethik an die Stelle des Rechts treten kann, so wenig ist sie durch Recht substituierbar" (EKD 2007, Ziff. 85).

Mit diesen Worten führt die Friedensdenkschrift der Evangelischen Kirche in Deutschland (EKD) von 2007 in das Konzept rechtserhaltender Gewalt ein. Dieses ordnet sich in den gerechten Frieden ein, der für eine Absage an die Lehre des gerechten Krieges steht und konsequent vom Frieden her denken möchte. Eine Friedensordnung lässt sich vor diesem Hintergrund als Rechtsordnung verstehen. Ihre Begründungszusammenhänge und Kriterien sind nun allerdings – und dies ist nicht unproblematisch – dem Ansatz des gerechten Krieges entnommen. Diese Lehre stellt die vielleicht einflussreichste Theorie der Gewaltdelegitimation dar. Für die evangelische Denkschrift fällt nun auf, dass dem Recht ein großer Wert beigemessen wird. Diese Bedeutungszuschreibung ist verstehbar vor dem Hintergrund der reformatorischen Zwei-Regimenten-Lehre. Hier werden göttliche Gerechtigkeit und von Menschen gesetztes Recht als zwei unterschiedliche Bereiche begriffen, auch wenn sie enge Verbindungen aufweisen (vgl. Witte 2002, S. 87ff.). Das katholische Papier „Gerechter Friede" von 2000 legt deshalb hier andere Schwerpunkte: Zwar „ergibt sich die Forderung einer internationalen Rechtsordnung mit Strukturen, die es ermöglichen, das

Recht durchzusetzen" (Die deutschen Bischöfe 2000, Ziff. 64), doch so explizit und ausführlich wie die evangelische Stellungnahme werden die Ausführungen nicht. Das Wort verweist aber durchaus auf bisherige kirchliche Veröffentlichungen, für welche die Macht des Rechts zentral ist.

Hier liegt zudem auch eine deutliche Verschiebung zur vorangegangenen EKD-Denkschrift „Frieden wahren, fördern und erneuern" von 1981 vor. Auch hier wurden zwar rechtliche Voraussetzungen einer internationalen Friedensordnung thematisiert, doch steht die Bindung der Friedensbemühungen an das Recht nicht in dieser Weise im Zentrum wie dies 2007 der Fall ist. So spiegelt letztere Denkschrift in deutlicher Weise die Diskussionsprozesse der Friedens- und Konfliktforschung der 1980er-Jahre wider. Gemäß einer institutionalistischen Perspektive geht sie davon aus, dass die Staaten als die zentralen Akteure der internationalen Politik rational eigennützig handeln. Allerdings werden die Chancen zwischenstaatlicher Kooperation dann höher eingeschätzt, wenn diese durch internationale Organisationen abgestützt ist (vgl. Rittberger 2013, S. 32f.). Gerade den Vereinten Nationen wird viel zugetraut und ein gewisser Analogieschluss vom deutschen Grundgesetz zur Charta der Vereinten Nationen lässt sich vermuten, wenn es heißt:

> „Das Problem globaler Friedenssicherung ist legitim lösbar durch ein System kollektiver Sicherheit, wie es in der UN-Charta vorgezeichnet ist. Dabei handelt es sich um eine vertraglich vereinbarte zwischenstaatliche Ordnung, welche die Anwendung von Gewalt – außer zur Selbstverteidigung im Notwehrfall – verbietet, und die den Schutz des einzelnen Staates wie der zwischenstaatlichen Rechtsordnung dem gemeinsamen Handeln der Mitgliedsstaaten vorbehält, das unter der Leitung einer supranationalen Entscheidungsinstanz steht" (EKD 2007, Ziff. 87).

Was dies für die konkrete Arbeit und die Herausforderungen in den Vereinten Nationen bedeutet, bleibt jedoch offen.

4 Herausforderungen unterschiedlicher Rechtstraditionen

Das Völkerrecht war und ist durch seine Instrumentalisierung „für partikulare Machtinteressen und universelle Ordnungsvorstellungen" (Brock und Simon 2018, S. 275) bedroht, ohne dass deswegen das Prinzip des Rechts als solches aufgegeben werden müsste. Die Entscheidungen über den Einsatz militärischer Gewalt werden von nationalen Akteuren getroffen. Hier spiegeln sich dann sowohl verschiedene parlamentarische Traditionen der Kontrolle staatlicher Gewalt als auch unterschiedliche Rechtstraditionen. In der juristischen Debatte werden in diesem Zusammenhang mehrere Begriffe gebraucht, die sich zum Teil nicht ganz trennscharf voneinander abgrenzen lassen. So ist von *Rechtskulturen* die Rede als die Wechselwirkung von Eigenschaften einer Rechtsordnung auf *vier Ebenen*. Erhard Blankenburg (1989, S. 292f.) unterscheidet hier zum ersten die positiven und überpositiven Rechtsnormen, die von der Profession erkannt und anerkannt werden; zum zweiten die Institutionen, die diese Normen erkennen, anerkennen und verwalten; zum dritten das Rechtsverhalten eines Rechtspublikums, das diese Institutionen einschaltet und schließlich die Einstellungen dieses Rechtspublikums gegenüber rechtlichen Normen und Institutionen.

Unter *Rechtskreisen* versteht man die Einteilung der Gesamtheit aller Rechtsordnungen nach bestimmten Kriterien in größere Gruppen. So werden unterschiedliche nationale Rechtsordnungen zusammengefasst, die sich hinreichend ähnlich sind. Für die weitere Arbeit wurde bewusst der Begriff der *Rechtstradition* gewählt, da es sich um den weitesten Begriff handelt, der zugleich in sich der Prägung von Recht durch die jeweilige kulturelle Umgebung Rechnung trägt. Es gilt,

Frieden durch Recht – Eine Einführung

> „dass wir uns schon in den westlichen Ländern selbst sehr viel Mühe geben müssen, die Traditionen und Begründungstiefen der anderen in dieser Gemeinschaft besser kennen zu lernen, um gemeinsam die Antwort der Vernunft auf die friedensethischen und sicherheitspolitischen Herausforderungen der vor uns liegenden Zukunft – wie mühsam und stotternd auch immer – zu erkunden" (Beestermöller et al. 2006, S. 7).

Es existieren nun ganz unterschiedliche Rechtstraditionen, exemplarisch soll hier die angelsächsische Rechtstradition stehen. Für diese habe sich etwa in den Diskursen um einen angemessenen Umgang mit dem Irak-Konflikt gezeigt, dass nicht nur ein Dissens über die Anwendung der einschlägigen normativen Regeln bestehe, sondern auch über die Regeln selbst (vgl. Haspel und Trittmann 2006). Dies wurzelt ihrer Ansicht nach etwa in einem unterschiedlichen Verständnis der Lehre vom gerechten Krieg. Ein zentraler Argumentationsstrang der angelsächsischen Forschung geht von einem Verständnis des internationalen Rechts aus, das in der Tradition des *Common Law* im Völkerrecht besonders das Gewohnheitsrecht als entscheidende Rechtsquelle betrachtet. Außerdem wird davon ausgegangen,

> „dass im Gegensatz zur herrschenden kontinentaleuropäischen Meinung das Völkergewohnheitsrecht mit der Verabschiedung der Charta der Vereinten Nationen seine Geltung nicht verloren habe, sondern die Souveränitätsrechte der Nationalstaaten im Prinzip fortbestünden, insofern sie nicht, von Fall zu Fall darauf verzichten" (Haspel und Trittmann 2006, S. 13; vgl. weiter Elshtain 2006, Johnson 2006).

Dieser Dissens zeigt sich dann weiter an der Frage der Autorität des Sicherheitsrates. Im kontinentaleuropäischen Verständnis hat dieser das Recht, über die Anwendung legitimer militärischer Kriegsgewalt zu entscheiden, während die *Common Law*-Tradition die Bewährung dieser Vereinbarung an das tatsächliche Verhalten des Völkerrechtssubjekts bindet, das dann gewohnheitsrechtlich auch anders reagieren könnte (vgl. Haspel und Trittmann 2006, S. 14). Ein weiterer deutlicher Unterschied etwa zum deutschen Umgang mit Recht liegt darin, dass Recht für die angelsächsische Rechtstradition sehr viel mehr als ein Instrument, denn als ein Wert an sich verstanden wird.

Die Unterschiede im Verständnis von Recht im Allgemeinen und damit auch von rechtserhaltender Gewalt im Besonderen, die hier exemplarisch für die angelsächsische Rechtskultur aufgezeigt wurden, betreffen auch andere zentrale Rechtstraditionen[1]. Für die Debatten im internationalen Völkerrecht ist es daher relevant zu begreifen, dass der Verweis auf das Recht allein noch keinen Lösungsweg markiert.

5 Zu diesem Band

Der vorliegende Band nimmt seinen Ausgang bei verschiedenen Rechtstraditionen, namentlich der fünf ständigen Mitglieder des UN-Sicherheitsrates, die je unterschiedliche Schwerpunkte auch in Fragen des Weges zum Frieden legen. Die EKD-Denkschrift macht es sich daher ein Stück weit zu einfach, wenn sie dem Recht nun wie gezeigt eine hohe friedensethische Relevanz zuweist. Dies wurde auch immer wieder kritisiert, drohe doch durch die ungenügende Unterscheidung von Ethik und Recht ein Rechtspositivismus beziehungsweise reduziere sich der Diskurs so auf

---

1 Dazu existieren bisher nur wenige Veröffentlichungen, vgl. etwa die Tagung des Forums Transregionale Studien (Wiko Berlin): „The Battle for International Law in the Decolonization Era" 2015 und das damit verbundene Forschungsprojekt von Prof. Dr. Jochen von Bernstorff (https://trafo.hypotheses.org/4098).

Frieden durch Recht – Eine Einführung

institutionalistische Ansätze in der Friedensethik (vgl. Lohmann 2018, S. 45). Protestantische Ethik setzte sich seit der Reformation auf sehr unterschiedliche Weise mit dem moralischen Fundament des Politischen und Rechtlichen auseinander.

Der erste Beitrag von *André Munzinger* beleuchtet das Verhältnis von Recht und Religion in friedensethischer Absicht. Dabei werden Modelle evangelischer Rechtsethik eingeführt und im Horizont globaler Konflikte der Gegenwart erläutert und bewertet. Der Autor kommt dabei zu dem Schluss, dass die Ausdifferenzierung und wechselseitige Verwiesenheit von Recht und Religion, wie sie für die Gegenwart charakteristisch sind, keinen einheitlichen Konsens evangelischer Ethik markieren.

Die folgenden fünf Beiträge untersuchen die Rechtstraditionen der fünf ständigen Mitglieder des Sicherheitsrates. *Lothar Brock* und *Hendrik Simon* nehmen die deutsche Rechtstradition in den Blick und fragen in Auseinandersetzung mit Martti Koskenniemi insbesondere danach, ob es eine eigene deutsche Sprache des Rechts gebe. Die Autoren vertreten die These, dass sich in der deutschen Rechtstradition die Herausbildung eines mehrsprachigen Völkerrechtsdenkens beobachten lasse.

Der Beitrag von *Paulina Starski* analysiert die angelsächsische Rechtstradition. Diese zeichnet sich im Themenfeld Gewaltverbot und rechtserhaltender Gewalt durch eine elastische und flexible Herangehensweise aus. Mitunter ist diese einem „Pragmatismus und Realismus angesichts angenommener politischer Notwendigkeiten […] geschuldet, mitunter speist sie sich aus einem Idealismus, in dessen Kern das Streben nach Verwirklichung höherer moralischer Prinzipien und Werte steht (insbesondere im humanitären Kontext)".

Dem schließt sich die französische Rechtstradition an. *Carolyn Moser* konstatiert für diese Rechtstradition und besonders für die außenpolitische Praxis Frankreichs ein trianguläres Konstrukt aus

Recht, Frieden und Gewaltanwendung zur Rechtsdurchsetzung oder Friedenswahrung. Frieden – so die französische Annahme – basiere auf Recht, dessen Einhaltung auch gewaltsam eingefordert werden könne, etwa bei einem drohenden Genozid oder anderen Gräueltaten an der Zivilbevölkerung.

Der folgende Beitrag von *Martina Haedrich* konzentriert sich auf die Rechtstradition Russlands. Hier zeigt die Autorin Linien, Kontinuitäten und Brüche vom sowjetischen Völkerrechtsdenken bis zur Gegenwart auf und betrachtet beispielsweise das Selbstverständnis Russlands in den Vereinten Nationen oder die Rolle der OSZE im russischen Völkerrechtsverständnis.

Gerd Kaminski betrachtet die chinesische Rechtstradition aus einer breiten historischen Überblicksperspektive unter den Schlagworten: Frieden, Recht und Good Governance: Über Jahrzehnte hinweg waren Tendenzen vorherrschend, althergebrachte Modelle der Weltordnung und Friedenssicherung durch chinesische Gegenmodelle zu ersetzen, diese scheinen allerdings in letzter Zeit an ihre Grenzen zu stoßen.

Abschließend nimmt *Wolfgang S. Heinz* noch einmal zentrale Linien des Bandes auf. Dabei widmet er sich vor allem diesen drei Themenfeldern: die historische Prägung von Rechtstraditionen, die Stellung zum Einsatz von Gewalt und möglichen Interventionen zur Durchsetzung nationaler Interessen und der Einsatz von Gewalt zur Durchsetzung des Friedens und zur Gewährleistung der Einhaltung des Völkerrechts.

Literatur

Beestermöller, Gerhard, Michael Haspel und Uwe Trittmann. 2006. Vorwort. In *„What we're fighting for…" – Friedensethik in der transatlantischen Debatte*, hrsg. von Gerhard Beestermöller, Michael Haspel und Uwe Trittmann, 1–2. Stuttgart: Kohlhammer.

Blankenburg, Erhard. 1989. Zum Begriff „Rechtskultur". In *Kultur und Gesellschaft: gemeinsamer Kongreß der Deutschen, der Österreichischen und der Schweizerischen Gesellschaft für Soziologie*, hrsg. von Hans-Joachim Hoffmann-Nowotny, 292–297. Zürich: Seismo Verlag.

Bothe, Michael. 2010. An den Grenzen der Steuerungsfähigkeit des Rechts: Kann und soll es militärischer Gewalt Schranken setzen? In *Frieden durch Recht?*, hrsg. von Peter Becker, Reiner Braun und Dieter Deiseroth, 63–70. Berlin: Berliner Wissenschaftsverlag.

Brock, Lothar. 2004. Frieden durch Recht. Zur Verteidigung einer Idee gegen die „harten Tatsachen" der internationalen Politik. *HSFK Standpunkte* 3: 1–12.

Brock, Lothar. 2010. Frieden durch Recht. Anmerkungen zum Thema im historischen Kontext. In *Frieden durch Recht?*, hrsg. von Peter Becker, Reiner Braun und Dieter Deiseroth, 15–34. Berlin: Berliner Wissenschaftsverlag.

Brock, Lothar und Hendrik Simon. 2018. Die Selbstbehauptung und Selbstgefährdung des Friedens als Herrschaft des Rechts. Eine endlose Karussellfahrt?. *Politische Vierteljahresschrift* 59 (2): 269–291.

Die deutschen Bischöfe. 2000. *Gerechter Friede*. Bonn: Sekretariat der Deutschen Bischofskonferenz.

Elshtain, Jean Bethke. 2006. International Justice as Equal Regard and the Use of Force. In *„What we're fighting for…" – Friedensethik in der transatlantischen Debatte*, hrsg. von Gerhard Beestermöller, Michael Haspel und Uwe Trittmann, 22–37. Stuttgart: Kohlhammer.

Evangelische Kirche in Deutschland (EKD). 1981. *Frieden wahren, fördern und erneuern. Eine Denkschrift der Evangelischen Kirche in Deutschland*. Gütersloh: Gütersloher Verlagshaus.

Evangelische Kirche in Deutschland (EKD). 2007. *Aus Gottes Frieden leben – für gerechten Frieden sorgen. Eine Denkschrift des Rates der Evangelischen Kirche in Deutschland*. Gütersloh: Gütersloher Verlagshaus.

Haspel, Michael und Jürgen Trittmann. 2006. Einleitung. „What we're fighting for" – Gerechter Krieg – Gerechter Frieden. Ein vernachlässigtes Thema im deutsch-amerikanischen Dialog. In „*What we're fighting for…*" – *Friedensethik in der transatlantischen Debatte*, hrsg. von Gerhard Beestermöller, Michael Haspel und Uwe Trittmann, 9–21. Stuttgart: Kohlhammer.

Kant, Immanuel. 1977 [1796]. Zum ewigen Frieden. Ein Philosophischer Entwurf. In *Schriften zur Anthropologie, Geschichtsphilosophie, Politik und Pädagogik 1*, Werkausgabe Band XI, hrsg. von Wilhelm Weischedel, 191–251. Frankfurt a. M.: Suhrkamp.

Johnson, James T. 2006. Framing a Debate: Authority to Use Force in Just War Reasoning and International Law. In „*What we're fighting for…*" – *Friedensethik in der transatlantischen Debatte*, hrsg. von Gerhard Beestermöller, Michael Haspel und Uwe Trittmann, 52–70. Stuttgart: Kohlhammer.

Lienemann, Wolfgang. 1997. Notwendigkeit und Chancen der Gewaltfreiheit. In *Frieden machen*, hrsg. von Dieter Senghaas, 48–62. Frankfurt a. M.: Suhrkamp.

Lohmann, Friedrich. 2018. Das weltliche Recht und seine Bedeutung für den Frieden in den reformatorischen Theologien. In *Recht in der Bibel und in kirchlichen Traditionen*, hrsg. von Sarah Jäger und Arnulf von Scheliha, 45–74. Wiesbaden: Springer VS.

Oeter, Stefan. 2018. Legitimationsfragen rechtserhaltender Gewalt im globalen Staatensystem. Eine völkerrechtliche Perspektive. In *Recht in der Bibel und in kirchlichen Traditionen*, hrsg. von Sarah Jäger und Arnulf von Scheliha, 97–119. Wiesbaden: Springer VS.

Rittberger, Volker. 2013. Theorien internationaler Organisationen. In *Internationale Organisationen*, hrsg. von Volker Rittberger, Bernhard Zangl und Andreas Kruck, 28–48. Wiesbaden: Springer VS.

Witte, John Jr. 2002. *Law and Protestantism. The Legal Teachings of the Lutheran Reformation*. Cambridge, UK: Cambridge University Press.

Frieden durch Recht. Modelle evangelischer Rechtsethik im Horizont globaler Ordnungssuche

André Munzinger

1 Einleitung

Das Ziel des Aufsatzes ist es, das Verhältnis von Recht und Religion in friedensethischer Absicht auszuleuchten. Zum einen werden Modelle evangelischer Rechtsethik auf diesem Hintergrund eingeführt. Zum anderen werden diese im Horizont globaler Konflikte der Gegenwart erläutert und bewertet. Insgesamt wird die Leistungskraft des Leitmotivs *Frieden durch Recht* hervorgehoben, zugleich aber auf dessen Grenzen befragt.

Den Anfangspunkt finden die folgenden Überlegungen bei einer Einschätzung Wolfgang Hubers (1996, S. 111):

> „[D]ie neuzeitliche Emanzipation des Rechts von der Theologie wird als Sieg gefeiert. Seit diesem Sieg braucht man sich von der Seite der Rechtswissenschaft aus vermeintlich um theologische Voraussetzungen des Rechts nicht mehr zu kümmern. In der Theologie findet sich aber das Spiegelbild dieser Haltung: Sie kehrt der Welt des Rechts den Rücken und wendet sich ihrer vermeintlich ‚eigentümlichen' Aufgabe zu: einer rechtsfrei gedachten Existenz des Menschen in seinem unmittelbaren Verhältnis zu Gott."

Diese grundlegende These beschreibt eine ausdifferenzierte Verhältnisbestimmung von Recht und Religion. Gleichzeitig stellt Huber ihre wechselseitige Gleichgültigkeit scharf infrage. Inwiefern sollten Recht und Religion aufeinander bezogen bleiben? Inwieweit stellt ihre moderne Ausdifferenzierung eine irreversible Entwicklung dar? Diese Fragen betreffen den Markenkern der Moderne. Verschiedenste Antworten kennzeichnen eine äußerst kontroverse Geschichte. Vier solcher Reaktionen werde ich im Folgenden einführen. Sie zeigen eine teils graduelle, teils revolutionäre Trennung zwischen Recht und Religion auf.

Das Motiv *Frieden durch Recht* ist auf dem Hintergrund dieser historischen Umbrüche zu verstehen. Wenn die Denkschrift die friedensstiftende Kraft des Rechts hervorhebt, ist diese Einsicht im Horizont der geschichtlichen Entwicklung keineswegs selbstverständlich (EKD 2007, S. 57ff.). Die Verrechtlichung der internationalen Beziehungen und die Etablierung völkerrechtlicher Prinzipien sind für die theologische Ethik verhältnismäßig neue Ziele. Die neuzeitliche evangelische Ethik beruht nämlich auf einer Konfliktgeschichte zwischen Recht und Religion.

Eine auf dem Recht begründete Friedensordnung wird allerdings in der Denkschrift nicht monokausal als Allheilmittel in der globalen Konfliktlage eingeführt (EKD 2007, S. 65). Vielmehr macht sie darauf aufmerksam, dass es eine wechselseitige Beziehung zwischen Völkerrecht und Friedensethik geben muss (EKD 2007, S. 57). Diese Sensibilität ist in den folgenden Ethik-Modellen evangelischer Herkunft nicht ausgeprägt vorhanden. Die Denkschrift ist in dieser Hinsicht weiter als die zu beschreibenden Modelle. Gleichzeitig verdeutlichen diese die Möglichkeiten und Schwierigkeiten einer Ausdifferenzierung zwischen Recht und Religion. Diese sind nicht *in abstracto* anzutreffen. Sie sind partikulare Erscheinungen. Auch das Völkerrecht ist keine abstrakte oder statische Größe. Dass sich Recht und Religion in friedlicher Absicht ergänzen, setzt weitreichende historische Einsichten voraus. Sie lassen sich nicht auf religiöse und rechtliche Entwicklungen beschränken. Kulturelle, wissenschaftliche, politische und ökonomische Aspekte sind ebenso zu berücksichtigen. Es kommt auf eine komplexe Institutionenbildung an. Insofern ist die Formel *Frieden durch Recht* ein begrenzter Ausschnitt eines gesamtgesellschaftlichen Zusammenhangs. Auf einige Aspekte dieses Zusammenhangs wird die nachfolgende Erörterung aufmerksam machen.

Der Aufsatz stellt die Ethikmodelle zudem in den Horizont der globalen Umwälzungen der letzten Dekaden. Dass sich die Frage nach den Religionen auf dieser Ebene wieder in zentraler Weise stellt, bedarf der eingehenden Reflexion, die hier nur angedeutet wird. Mit Francis Fukuyama lässt sich konstatieren, dass die Frage nach Identität wieder neu gestellt wird. In diese Entwicklung ist das Verhältnis von Religion und Recht einzuzeichnen. Dabei ist keine geradlinige oder einheitliche Identitätssuche zu verzeichnen. Vielmehr sind diffuse, mindestens widerstrebende Linien zu beobachten:

„Unsere heutige Welt bewegt sich gleichzeitig auf die gegensätzlichen Dystopien der Hyperzentralisierung und der endlosen Fragmentierung zu" (Fukuyama 2019, S. 212).

Auf der einen Seite sind autoritäre und fundamentalistische Ordnungskonzeptionen in überraschender Weise wieder präsent. Auf der anderen Seite ist der hypertrophe Pluralismus in religiöser wie auch in rechtlicher Hinsicht zu berücksichtigen. Folglich steht die Ethik vor massiven Herausforderungen.

Zunächst skizziere ich einige Modelle protestantischer Rechtsethik (2.). Aus dieser Analyse eruiere ich Probleme für das Paradigma Frieden durch Recht im Horizont der Pluralisierungsdynamiken von Recht und Religion (3.). Abschließend sind die Modelle auf diesen dynamischen Wandel zu beziehen (4.).

2 Recht und Religion – Modelle protestantischer Rechtsethik

Die protestantischen Ethikentwürfe der Neuzeit lassen sich als strittige Orientierungsversuche im Horizont weitreichender Umbrüche einordnen. Die zentrale Rolle des Rechts als friedensermöglichende Kraft wird in drei der folgenden Modelle aufgenommen, in einem Modell spielt das Recht so gut wie keine Rolle. Zugleich ist die Konkurrenz zwischen Religion und Recht als Ordnungsinstitutionen mal mehr, mal weniger greifbar. Insgesamt ist die Berücksichtigung des Völkerrechts für den Frieden unterbestimmt.

2.1 Ausdifferenzierte Funktionen von Recht und Religion im Horizont der Menschheit

Im ersten Modell wird Religion arbeitsteilig und funktional in die rechtsförmige Gesellschaft eingeführt. So entwickelt Friedrich Schleiermacher die Leitidee einer ausdifferenzierten Gesellschaft (1990 [1812/13], S. 80ff.). Ihre verschiedenen Funktionssysteme (Politik, Geselligkeit, Wissenschaft, Religion/Kunst) werden unter dem Gesichtspunkt der kontinuierlichen Ausbalancierung ihrer Kräfte und Interessen betrachtet – eine Balance mit deskriptivem und normativen Sinn. Hier greift der Kontrast zu Georg Friedrich Wilhelm Hegels Auffassung des Staates. Weil nach Hegel die bürgerliche Gesellschaft nicht in der Lage ist, Spannungen des Zusammenlebens aus sich heraus zu lösen, wird der Staat normativ und gestalterisch als übergreifende Institution eingeführt. Religion wird diesem Anspruch untergeordnet. Insofern reagiert Schleiermacher auf die Diskussionen seiner Zeit.

Während bei Immanuel Kant die Rechtstheorie von der Moraltheorie klar unterschieden und die Prozedualisierung des Gerechtigkeitsbegriffs weiter vorangetrieben wird (vgl. Kersting 1994, S. 200), steht Hegels Rechtsverständnis im Zusammenhang einer einheitlichen Theorie der Wirklichkeit. Politisch verwirklicht sich Religion im Staat – durch den in der Geschichte sich realisierenden Geist der Vernunft (vgl. Rohls 1999, S. 467ff.). Der Staat ist die vollendete Einheit der Sittlichkeit (Hegel 2015, §154ff.). Schleiermacher wendet sich gegen diese Ansicht mit einer eindeutigen Alternative. Die Institutionen werden als gleichberechtigte Akteure eingeführt, die sich wechselseitig relativieren. Keines der vier obengenannten Systeme (Politik, Geselligkeit, Wissenschaft, Religion/Kunst) lässt sich auf ein anderes reduzieren, ohne eine massive Beeinträchtigung der gesellschaftlichen Dynamik zu bewirken.

Am Anfang aller Staatlichkeit steht aus Schleiermachers Sicht das Bewusstsein für eine räumlich und zeitlich verfasste Gemeinschaft – nicht die Gewalt, der Vertrag oder das göttliche Naturrecht (Schleiermacher 1998 [1817/18]; vgl. in demselben Band die Nachschrift Goetsch, S. 386f.). Dabei ist zugleich die ganze Erdgemeinschaft im Blick, denn sie dient als Einheitsbegriff für die Abgrenzung des nationalen Teilbereichs. Die Staatenbildung stellt nämlich einen Teil des kulturellen Gesamtprozesses dar, welcher eine universalistische Fluchtlinie impliziert. Eine hinreichende Gestalt findet die Vernunftbildung nur, wenn es ihr gelingt, nationale und kulturelle Differenzierungen zu überwinden und in eine multiethnische, plurale und föderale Weltrepublik zu überführen. Auch die Religion ist nicht auf die nationale Gesellschaft beschränkt, sondern trägt in sich das Bewusstsein der Gemeinschaft aller Menschen (vgl. Schleiermacher 1990 [1812/13]). Ein Bild wechselseitiger Ergänzung wird entwickelt, in der jedes Glied sich in einen Leib einfügt, jedes Einzelwesen in eine Familie und jedes einzelne Volk in die gesamte Menschheit. Es ist die Wirkungsgemeinschaft der gesamten menschlichen Gattung.

Diese Gedankenlinie ist in Entwürfen der Gegenwart stärker auf individuelle Grundrechte wie auch auf die Würde des Menschen als Fokusse des Grundgesetzes bezogen worden (vgl. von Scheliha 2013). Erst allmählich hat sich der Sinn für diese Institutionen durchgesetzt. Zum Teil wird ihre Legitimität auch ohne theologische Begründung innerhalb der Ethik eingeführt (vgl. Kreß 2012).

2.2 Weltverändernde Religion unter Berücksichtigung des Rechts

Dass die zuvor genannte Rechtsethik einer idealen oder gar harmonistischen Absicht entspringt, gibt Anlass zur Kritik. So wird die Frage nach der verändernden Wirklichkeit Gottes wieder verstärkt gestellt. Das Wort Gottes wird als Gegenstück zu allen Bemühungen des Menschen angesehen, die kulturelle Entwicklung zum Guten beeinflussen zu können (vgl. Niebuhr 1996 [1941], S. 19ff.). Die Perspektive des *welt*verändernden Handelns Gottes wird in den Mittelpunkt gerückt, so dass sich neue Sensibilitäten für die Erde als Ganzes durchsetzen. Einige sind zu nennen.

Karl Barths Plädoyer für Rechtsstaat und Demokratie wird mit der Erstarkung des Nationalsozialismus unverkennbar (vgl. Frey 1988, S. 173ff.). Mit einer christologischen Begründung des Rechts, und später mittels des Analogiegedankens, stellt er eine Zusammengehörigkeit zwischen Christusgeschehen und weltlich-politischem Leben her (Barth 1989, S. 65).

Wolfhart Pannenberg greift die reformierte Tradition der theokratischen Idee auf (1993, S. 323ff.). Anders als die lutherische habe die reformierte Theologie weitreichende Auswirkungen auf das moderne Freiheitsverständnis gehabt. Die augustinische und lutherische Scheidung zwischen Politik und Religion habe das Bedürfnis der Menschen nach Ganzheit nie „genug ernst genommen" (Pannenberg 1986, S. 66). Dabei gehe es um die Grundidee, dass die politische Freiheit die Vollendung und Konsequenz der Idee der christlichen Freiheit darstelle (Pannenberg 1978, S. 79, 123). So werden religiöse und politische Freiheit im Horizont der Souveränität Gottes gedeutet. Pannenberg argumentiert, dass das „negative Element" in den politischen und religiösen Freiheitsgedanken „jeder menschlichen Instanz, jeder menschlichen Lehre und jeder menschlichen Regierung die absolute Autorität" verweigere (Pannenberg 1986, S. 73).

Im Hintergrund der Analyse Pannenbergs steht ein äußerst konfliktreicher Problemkomplex. Dessen geschichtliche Genese kann nur angedeutet werden. Die altorientalischen Kulturen bieten einen prägnanten Anfang für ein Verständnis der Spannungen zwischen Religion und Recht, weil sie die Divinisierung der Gerechtigkeit vorantreiben (vgl. Assmann 1995, S. 288). Recht und Unrecht werden in eine umfassende, den gesamten Kosmos einschließende Ordnung eingebunden (vgl. Assmann 1995, S. 9; Höffe 2004, S. 13), die alle Bereiche des Lebens in einer ewigen Wirksamkeit umschließt.[1] Im Alten Testament steht der Gerechtigkeitsbegriff im Rahmen einer strukturanalogen, aber durchaus eigenen Schwerpunktsetzung, nämlich in Bezug auf die handelnde Loyalität Gottes zu seinem Volk, die ihren Ausdruck in der Heilsgabe des Gesetzes findet. Eckart Otto versteht das Alte Testament als „Durchbruch" in der altorientalischen Rechtsgeschichte, weil das Leben in umfassender Weise durch das Recht geordnet wird, aber es bleibt ein Recht, das gezielt aus dem Gotteswillen abgeleitet wird (Otto 1997, S. 202). Im Deuteronomium wird die Konsequenz deutlich: Das Halten *aller* Gebote wird als Gerechtigkeit vor Gott gezählt, in der die Loyalität

---

1 Dabei ist es von Bedeutung, dass der alt-ägyptische Begriff der Ma'at semantisch mit anderen Begriffen deckungsgleich ist. So kann Ma'at auch Wahrheit, Gerechtigkeit, Weisheit und Aufrichtigkeit bedeuten (Assmann 1995, S. 9 f.).

Gottes als motivierende Triebkraft zur Einhaltung des Gesetzes gilt (vgl. Koch 1998, S. 37–64).

Die Schwierigkeiten werden insofern in frühen christlichen Theologien übernommen, als politische Gerechtigkeit nicht losgelöst von einem *umfassenden* theologischen Anspruch betrachtet werden kann. Von Paulus bis Augustin setzt sich die Vorstellung einer einheitlichen gottgegebenen Gerechtigkeit als maßgebliche Sichtweise durch – auch wenn in der Konkretisierung weitreichende Unterschiede zu vermerken sind. Selbst die „epochale Leistung" des Thomas von Aquin, durch die aristotelisch geprägte Vernunftargumentation die politische Ordnung aus der direkten heilsgeschichtlichen Logik zu entlassen, ermöglicht nicht die konsequente Anerkennung des subjektiven Gewissensurteils (Böckenförde 2002, S. 263f.).

Pannenberg greift gezielt die umfassenden theologischen Ansprüche auf. Insofern steht er in einer Kontinuität mit der altorientalischen beziehungsweise alttestamentlichen Tendenz, Recht und Religion im Horizont einer Ganzheitsperspektive zusammenzudenken. Gleichzeitig stellt er den Schutz der individuellen Freiheit als Bestandteil dieser Ganzheit heraus. Insofern ist eine Ausdifferenzierung von Recht und Religion für Pannenberg eine Konsequenz einer bestimmten Gerechtigkeitskonzeption, die Differenz und Ganzheit miteinander verbindet.

Derweil werden die Erde und die Natur als Orientierungspunkte der Ethik entdeckt. Jürgen Moltmann nimmt diesen Impuls (über Barth und Pannenberg hinaus) auf, um von einer Ethik der Erde zu sprechen, in der die Rechte der Natur zur Geltung kommen. Die entscheidenden Korrelationspole sind nun Welt und Kirche, nicht mehr Staat und Kirche. Leitend wird dabei die Auseinandersetzung mit dem Rechtsbegriff. Bei Moltmann steht dementsprechend die Verbindung von Recht und Religion im Fokus dieses weitreichenden

Weltverhältnisses. So schließt seine Ethik der Hoffnung das Recht in die *christliche* Weltgestaltung ein:

> „Wie die christliche Ethik sich im Rahmen der Menschenrechte bewegt, wenn sie heute relevant werden will, so integriert die christliche Welthoffnung sie in ihre Gesamtvision. Die christliche Welthoffnung ist auf der einen Seite im Dienst der Versöhnung realitätsnäher als der Idealismus der Menschenrechte, auf der anderen Seite aber größer in ihrer Zukunftsvision des Aufgangs der Gottesgerechtigkeit" (Moltmann 2010, S. 253).

2.3 Messianische Ethik ohne Rechtsbegriff

Eine deutlich kritischere Position gegenüber jeglicher Kooperation von Kirche und Staat ist von John Howard Yoder entwickelt worden. Die maßgebliche Verantwortung der Kirche ist die Nachfolge Jesu Christi und somit das Ausleben eines Liebesethos der Vergebung und Gewaltlosigkeit. Diese werden gegenüber der säkularen Logik der Macht und der Gewalt auf das schärfste kontrastiert. Die christliche Kirche erhält keine gesellschaftliche Aufgabe im engeren Sinne. Sie stellt weder eine Idee des Guten bereit, noch sorgt sie sich um politische Strategien. Sie setzt auf die alles umformende Hoffnung in das eschatologische Werk Jesu Christi (Yoder 1972, S. 1ff., 228ff.; Yoder 1996; vgl. Enns 2003, S. 156ff.). Dieses Werk ist zwar inhärent politisch und sozial, es kann aber nicht als Aufgabe der Kirche für die Gesamtgesellschaft gedeutet werden. Insofern wird die theologische Ethik auch keinen eigenständigen Rechtsbegriff entwickeln. Vielmehr steht das Gesamtwerk Yoders im Gegensatz zu einem von ihm als konstantinisch bezeichneten Christentum, in dem die Nähe zum Staat gesucht wird. Im Hintergrund steht eine eigenwillige Geschichtsdeutung. Zum einen wird die konstantinische Wende als Sündenfall des Christentums angesehen. Zum anderen wird jeglicher Quietismus abgelehnt. Seine Alternative ist ein radikaler missionarischer Auftrag der Kirchen, in dem Ethos und Gottesdienst inhärent verbunden sind (Yoder 1984, S. 15ff.). Die Alternative ist demnach eine epistemologische und ontologische Priorisierung der Kirche vor der Welt:

> "The church precedes the world epistemologically. We know more fully from Jesus Christ and in the context of the confessed faith than we know in other ways. [...] The church precedes the world as well axiologically, in that the lordship of Christ is the center which must guide critical value choices, so that we may be called to subordinate or even to reject those values which contradict Jesus" (Yoder 1984, S. 11).

Dass Yoder selbst weitreichendes persönliches Fehlverhalten im Umgang mit sexueller Gewalt vorgeworfen wird, zeigt Auswirkungen auf die Rezeption seiner Theologie. Jedenfalls werden Fragen virulent, ob das Gesamtkonzept – vor allem der Hermeneutikbegriff – frei von gewaltsamen Zügen ist (Nation und Driedger 2019). Nichtsdestotrotz ist seine Begründung einer messianischen, pazifistischen Weltgestaltung im englischsprachigen Raum als äußerst einflussreich anzusehen.

2.4 Religion als Deutungsrahmen für den rechtlich verfassten Frieden

Ein viertes Modell stellt jedes Recht formal in den Horizont der Religion. Eilert Herms arbeitet die Abhängigkeit des Rechts von religiösen Deutungsmustern heraus:

> „Alles Handeln in Politik und Recht bewegt sich nicht oberhalb des Kräftefeldes des weltanschaulich-ethischen Pluralismus, sondern in diesem Kräftefeld. Nicht oberhalb seiner, sondern in ihm – den

Spannungen und Konflikten des Pluralismus uneingeschränkt ausgesetzt – müssen Politik und Recht nach einer zuverlässig friedensdienlichen Ordnung des Zusammenlebens suchen" (Herms 2008a, S. XIX).

Einerseits kritisiert Herms die derzeitige Erosion des Rechts und des Staates. Der Staat ist nicht mehr in der Lage, die originäre Aufgabe der Herstellung von Erwartungssicherheit durch den Erhalt eines Rechtssystems, des Gewaltmonopols und einer funktionalen Verwaltung zu leisten. Weitreichende Komplexitätssteigerungen durch die globale Interdependenz der Funktionssysteme, massive Kulturkämpfe sowie eine um sich greifende Ökonomisierung führen zu einer Schwächung des Rechtsstaates. Um diesen Herausforderungen gerecht zu werden, ist eine Stärkung des Rechts auf internationaler Ebene ein Desiderat (meines Wissens belässt es Herms aber bei der Forderung).

Andererseits ist die Grenze des Rechts zu beachten. Der rechtlich verfasste Staat kann ein Ethos nicht generieren. Weltanschauliche Neutralität des Staates gilt somit für Herms in *eingeschränkter* Weise: Staatliches und rechtliches Handeln ist nicht unabhängig von weltanschaulichen Überzeugungen, im Sinne ethischer Autarkie, sondern die Gebundenheit muss anschlussfähig mit dem Neutralitätsanspruch des Staates sein; eine Verpflichtung also, welche die Trennung (oder besser: Freisetzung) von Staat und Religion begründet (Herms 2008b, S. 170ff.; vgl. ausführlicher 1995).[2] Das Funktionssystem des Staates muss sich nach Herms

---

2 Herms unterscheidet das Neutralitätsgebot von Staat und Recht auf zweifache Weise: Zum einen kann es die Gleichbehandlung von Religionen bestimmen, zum anderen das menschliche Handeln in Politik und Recht beschreiben. Im letzteren Fall gilt, dass eine uneingeschränkte Neutralität nicht möglich ist, wenn sie als Aperspektivismus des staatlichen Handelns oder als Verdrängung der Religionen verstanden wird (Herms 2008b).

gegenüber den Aufgaben, die nur die Weltanschauungen leisten können, selbst begrenzen.

In gezielter Weise geht diese Überlegung auf die Ursprünge protestantischer Unterscheidungskunst zurück. Die reformatorischen Denker machen eine ausdifferenzierende Logik geltend. Das Recht wird funktional zur Sicherung politischen Friedens eingeführt (vgl. Lohmann 2018, S. 45ff.). Die „historische Leistung" aus rechtlicher und politischer Sicht ist dabei eine „Entwirrung der damals hoffnungslos miteinander verquickten geistlichen und weltlichen Interessen", die Luther in der Trennung zwischen den unterschiedlichen Herrschaftsbereichen Gottes und der Welt begründet (Lohse 1995, S. 338f.). Darüber hinaus ist aber mit den Folgen der Religionskriege im 17. Jahrhundert die Trennung zwischen Recht und Religion überaus scharf vollzogen worden (vgl. Taubes 1985, S. 9f.). Letztere hat nach Thomas Hobbes versagt, da sie nicht in zuverlässiger Weise zum Frieden führte (vgl. Kersting 1994, S. 59. Aus dieser Entwicklung erfolgt eine betont antirealistische Begründung der Gerechtigkeit im Vertragsgedanken (vgl. Scarano 2002, S 153f.).

Herms reagiert auf diese Entwicklungen. Für ihn ist die Ausdifferenzierung zentral, aber nur in der Berücksichtigung der fundierenden Arbeit der Religionen. Dabei stellt er eine Dynamik heraus, die bisher nur undeutlich erkannt worden war: den radikalen Pluralismus. Religionen und Weltanschauungen müssen die Grenzen der eigenen Funktionen anerkennen – mit Bezug auf ihr Verhältnis zum Gewaltmonopol des Staates *und im Blick* auf die anderen Weltanschauungen. Auf diese Weise werden die an der Gesellschaft beteiligten Weltanschauungen „in einen politisch völlig gleichberechtigten" und „gleich verantwortlichen" Status versetzt (Herms 2008a, S. XXf.). Sie müssen aus intrinsischen Motiven ihr Verhältnis zu anderen Religionen begründen und gestalten. Frieden ist demnach auch die Institutionalisierung des geregelten

Streites der Weltanschauungen, Kulturen und Religionen um das Zusammenleben. Insofern stellt für Herms der Pluralismus die zentrale Herausforderung der globalisierten Welt dar. Die Einheit der Menschheit muss in ihrer Vielfalt gestaltet werden.

3 Fragen zum zukünftigen Verhältnis von Recht und Religion

Alle vier Modelle stehen im internationalen Kontext vor einer Bewährungsprobe: Wie wird sich der globale Raum rechtlich vermessen lassen? Welche Rolle spielt dabei Religion?[3] Die vier Modelle werden ihre Ansätze in diesem Sinn weiterentwickeln müssen. Aus meiner Sicht wird es zentral sein, die Rivalität zwischen Recht und Religion in eine kluge Arbeitsteilung auf globaler Ebene zu überführen – und insofern befürworte ich eine Weiterentwicklung des ersten Modells. Aber die Stärke der anderen drei Modelle ist, dass sie deutlicher den Sinn und Wunsch nach Ganzheit und Integration bedienen.

3.1 Neuer Ordnungs- und Abstraktionsbedarf

Die Notwendigkeit einer neuen Ordnungspolitik manifestiert sich in zunehmenden Migrationsbewegungen, weltweiten Finanz-

---

3   Ein offensichtliches Problem besteht darin, dass Kirche und Religion keine global-einheitlichen Begriffe sind. Es bedarf eines interkulturell anschlussfähigen Begriffs, der Kirche (Moschee usw.), Religion und Weltanschauung als ein Teilsystem der Gesellschaft umfasst und der für verschiedene Sichtweisen beziehungsweise Traditionen anschlussfähig ist. Die Verwendung des Religionsbegriffes ist folglich im Folgenden unterkomplex.

und Informationsflüssen, global umstrittener Ressourcenverteilung, ökologischen Herausforderungen und der Verbreitung von Massenvernichtungswaffen. Sie alle stellen großflächige Handlungsimperative dar. Es entsteht eine Diskrepanz in den globalen Entscheidungsprozessen zwischen Beteiligten und Betroffenen und zwischen der Reichweite der Probleme und ihren politischen Lösungsinstrumenten.

Institutionalisierte Verfahren, die alle Länder anhalten, unabhängig von ihren eigenen Präferenzen, die notwendigen Gesichtspunkte gemeinsamer, globaler Interessen zu beachten, sind erst im Aufbau. Gleichzeitig ergibt sich für Jürgen Habermas die Notwendigkeit, eine weltbürgerliche Solidarität auszubilden, die zwar eine schwächere Einbindungskraft als das aus lokaler Loyalität gewachsene Staatsbürgerethos haben würde: Warum aber, so fragt er, sollte sich der „historisch folgenreiche Abstraktionsschub vom lokalen und dynastischen zum nationalen und demokratischen Bewußtsein" nicht fortsetzen lassen (Habermas 1998, S. 89)? Es ist eine rhetorische Frage: Habermas geht davon aus, dass eine Bewusstseinsveränderung durchaus möglich ist. Das Völkerrecht wird als ein solcher Lernprozess von ihm eingeführt.

Wie aber steht es um die Religion im Rahmen der gegenwärtigen ‚Weltinnenpolitik'? Der Politologe John Gray vermutet, dass zunehmend religiöse, ökonomische und staatliche Interessen vermischt werden:

„Das Gewaltpotenzial des Glaubens wird, im Zusammenspiel mit den Auseinandersetzungen um Rohstoffe, unser Jahrhundert aller Voraussicht nach entscheidend prägen" (vgl. Gray 2009, S. 326).

Er argumentiert deshalb, dass die „dringlichste Aufgabe der Gegenwart" darin besteht, Religiosität in ihrem beständigen Einfluss auf die Gesellschaft besser zu verstehen (Gray 2009, S. 322).

3.2 Religion im globalen Gefüge

Religionsorganisationen haben den regionalen Rahmen längst überschritten: Wie transnationale Unternehmen sind global agierende Religionsgemeinschaften Akteure, die sich auf mehreren oder allen Kontinenten zugleich profilieren. Ob römisch-katholische Kirche, Welthindurat, evangelikale Missionsbewegungen oder islamische Einrichtungen: Viele Organisationen haben sich bereits auf den globalen Wandel eingestellt. Darüber hinaus werden die Religionsgemeinschaften zunehmend als ursprüngliche Akteure und Mitinitiatoren der Globalisierungsprozesse betrachtet.

In seiner Studie „Gewalt als Gottesdienst" machte bereits Hans G. Kippenberg entsprechend auf die zentrale Rolle von Religionen in Konfliktherden der Welt aufmerksam (Kippenberg 2008). Er verweist darauf, wie essenziell es ist, sich um ein differenziertes Verstehen im Umgang mit ihnen zu bemühen. Auch Mark Juergensmeyer entwirft ein düsteres Bild hinsichtlich des zunehmenden religiösen Aktivismus in politischen Prozessen, vor allem politischen Rebellionen (Juergensmeyer 2009). Seine Ursachenanalyse erhellt, dass der religiöse Aktivismus vornehmlich durch die Erosion des Vertrauens in die moralischen Grundlagen säkularer Staaten verstärkt wird.

In dem Werk „Religion Macht Politik" sucht Konrad Raiser nach der Rolle der Religion in einer zukunftsfähigen Weltordnung. Seine Arbeiten bestätigen vorerst die Analyse, dass sich der Konflikt an der Ordnungskraft des modernen säkularen Staates entzündet (Raiser 2010, S. 254). Zugleich betont er die friedensermöglichende Kraft der Religion(en), die er an verschiedenen Beispielen aufzeigt. Entscheidend sind auf ein friedliches Zusammenleben orientierte Initiativen auch deshalb, weil sie die Entwicklung eines globalisierten öffentlichen Raumes vorantreiben, den Raiser für eine Neudefinition des Verhältnisses von Religion und Politik im Rahmen globaler Koexistenz für unabdingbar hält. Im Sinne von Hannah Arendt und Jürgen Habermas will Raiser den öffentlichen Raum als Bereich kommunikativer Macht bestimmen, welche der staatlichen, rechtlichen Macht vor- und nachgelagert ist. Ein Feld der kommunikativen politischen Meinungs- und Willensbildung auf globaler Ebene wird somit freigelegt, in das Religion(en) eintreten und ihre ordnungspolitischen Beiträge im Modus der kommunikativen Macht einbringen. Öffentliche Religion wird in der Aufnahme einer Unterscheidung von Rainer Prätorius so definiert, dass sie sich nicht mit Einzelfragen der politischen Entscheidungsfindung befasst, als „Policy" bezeichnet, als vielmehr mit den grundlegenden Fragen der Richtungs- und Zielvorstellung einer Gesellschaftsordnung, als „Polity" benannt (Raiser 2010, S. 244). Nur auf diese Weise lässt sich Raiser zufolge die Trennung von staatlicher Macht und den berechtigten öffentlichen Interessen der Religion(en) begründen und in eine transnationale Weltordnung überführen.

Diese Idee müsste präzisiert werden, denn einerseits bleibt die Begründung eines solchen Modells unterbestimmt und andererseits die rechtliche Kontur eines globalen öffentlichen Raumes kaum greifbar. Wenn aber Souveränität im globalen Ordnungsgefüge neu bestimmt wird, müssen neben rechtlichen auch religiöse Identitätsmarkierungen berücksichtigt werden. Insofern steht die funktionale Bestimmung beider Institutionen – des Rechts und der Religion – wieder neu zur Diskussion. Ihre wechselseitige Verwiesenheit muss im Horizont des globalisierten Pluralismus begründet und durch transparente Verfahren auf Dauer gestellt werden. Es bedarf öffentlicher Räume, in denen die Verhältnisbestimmung ausgehandelt wird.

4 Ausblick

Die Formel „Frieden durch Recht" der EKD-Denkschrift stellt eine weitreichende Anerkennung der Leistungskraft des Rechts dar. Diese Einsicht ist nur in Teilen der genannten Ethik-Modelle wiederzufinden. Die Ausdifferenzierung von Recht und Religion und gleichzeitig ihre wechselseitige Verwiesenheit markieren eben keinen einheitlichen Konsens evangelischer Ethik. Der Vorschlag von Raiser – den offenen Diskurs zwischen Politik und Glauben beziehungsweise Recht und Religion zu suchen – ist insofern nur bedingt mit den zuvor genannten vier Modellen anschlussfähig. Die messianische und pazifistische Variante von Yoder würde sich vermutlich dem Diskurs, den Raiser vorsieht, entziehen. Die starken religiösen Ansprüche in den Modellen von Pannenberg und Herms markieren in unterschiedlicher Weise Vorteile für den interkulturellen Diskurs. Sie zeigen an, dass Recht nicht ohne Religion zu verstehen ist. Gleichzeitig mahnen sie an, sich den religiösen Ansprüchen genauestens zu nähern: Sind sie auf eine friedliche Koexistenz ausgerichtet? Entscheidend wird sein, ob es überhaupt gelingt, nicht nur materialethische Fragen der Friedensförderung in den Mittelpunkt zu rücken, sondern über die institutionelle Verfassung der werdenden Weltgesellschaft selbst ins Gespräch zu kommen.

Literatur

Assmann, Jan. 1995. *Ma'at. Gerechtigkeit und Unsterblichkeit im Alten Ägypten*. 2. Aufl. München: C.H. Beck.
Barth, Karl. 1989. *Rechtfertigung und Recht. Christengemeinde und Bürgergemeinde*. 4. Aufl. Zürich: TVZ Verlag.
Böckenförde, Wolfgang. 2002. *Geschichte der Rechts- und Staatsphilosophie. Antike und Mittelalter*. Tübingen: Mohr Siebeck.
Enns, Fernando. 2003. *Friedenskirche in der Ökumene. Mennonitische Wurzeln einer Ethik der Gewaltfreiheit*. Göttingen: Vandenhoeck & Ruprecht.
Evangelische Kirche in Deutschland (EKD). 2007. *Aus Gottes Frieden leben – für gerechten Frieden sorgen. Eine Denkschrift des Rates der Evangelischen Kirche in Deutschland*. Gütersloh: Gütersloher Verlagshaus.
Frey, Christofer. 1988. *Die Theologie Karl Barths. Eine Einführung*. Frankfurt a. M.: Athenäum.
Fukuyama, Francis. 2019. *Identität. Wie der Verlust der Würde unsere Demokratie gefährdet*. Hamburg: Hoffmann und Campe.
Gray, John. 2009. *Politik der Apokalypse. Wie Religion die Welt in die Krise stürzt*. Stuttgart: Klett-Cotta Verlag.
Habermas, Jürgen. 1998. Aus Katastrophen lernen? Ein zeitdiagnostischer Rückblick auf das kurze 20. Jahrhundert. In *Die postnationale Konstellation. Politische Essays*, 65–90. Frankfurt a. M.: Suhrkamp.
Hegel, Georg Wilhelm Friedrich. 2015. *Grundlinien der Philosophie des Rechts*. Ausgewählte Werke. Band III. Darmstadt: Wissenschaftliche Buchgesellschaft.
Herms, Eilert. 1995. Kirche in der Zeit. In *Kirche für die Welt. Lage und Aufgabe der evangelischen Kirchen im vereinigten Deutschland*, 231–317. Tübingen: Mohr Siebeck.
Herms, Eilert. 2008a. Vorwort. In *Politik und Recht im Pluralismus*, IX–XXVI. Tübingen: Mohr Siebeck.
Herms, Eilert. 2008b. Die weltanschaulich/religiöse Neutralität von Staat und Recht aus sozialethischer Sicht. In *Politik und Recht im Pluralismus*, 170–194. Tübingen: Mohr Siebeck.
Höffe, Otfried. 2004. *Gerechtigkeit. Eine philosophische Einführung*. 2. Aufl. München: C.H. Beck.
Huber, Wolfgang. 1996. *Gerechtigkeit und Recht. Grundlinien christlicher Rechtsethik*. Gütersloh: Gütersloher Verlagshaus.

Juergensmeyer, Mark. 2009. *Die Globalisierung religiöser Gewalt. Von christlichen Milizen bis al-Qaida*. Hamburg: Hamburger Edition.
Kersting, Wolfgang. 1994. *Die politische Philosophie des Gesellschaftsvertrags*. Darmstadt: Wissenschaftliche Buchgesellschaft.
Kippenberg, Hans G. 2008. *Gewalt als Gottesdienst. Religionskriege im Zeitalter der Globalisierung*. München: C.H. Beck.
Koch, Klaus. 1998. Sädaq und Ma'at. Konnektive Gerechtigkeit in Israel und Ägypten? In *Gerechtigkeit. Richten und Retten in der abendländischen Tradition und ihren altorientalischen Ursprüngen*, hrsg. von Jan Assmann, Bernd Janowski und Michael Welker, 37–64. München: Fink.
Kreß, Hartmut. 2012. *Ethik der Rechtsordnung. Staat, Grundrechte und Religionen im Licht der Rechtsethik*. Stuttgart: Kohlhammer.
Lohmann, Friedrich. 2018. Das weltliche Recht und seine Bedeutung für den Frieden in den reformatorischen Theologien. In *Recht in der Bibel und in kirchlichen Traditionen*, hrsg. von Sarah Jäger und Arnulf von Scheliha, 45–74. Wiesbaden: Springer VS.
Lohse, Bernhard. 1995. *Luthers Theologie in ihrer historischen Entwicklung und in ihrem systematischen Zusammenhang*. Göttingen: Vandenhoeck & Ruprecht.
Moltmann, Jürgen. 2010. *Ethik der Hoffnung*. Gütersloh: Gütersloher Verlagshaus.
Nation, Mark Thiessen und Joel Driedger. 2019. John Howard Yoder. In Mennonitisches Lexikon. Band 5 (MennLex 5). http://www.mennlex.de/doku.php?id=art:yoder_john_howard. Zugegriffen: 21. Juli 2019.
Niebuhr, Reinhold. 1996 [1941]. *The Nature and Destiny of Man. A Christian Interpretation. Volume II. Human Destiny*. London: Nisbet & Co.
Otto, Eckart. 1997. Art. Recht/Rechtstheologie/Rechtsphilosophie I. In *Theologische Realenzyklopädie* Bd. XXVIII, hrsg. von Gerhard Müller, 197–208. Berlin: Walter de Gruyter.
Pannenberg, Wolfhart. 1978. *Die Bestimmung des Menschen. Menschsein, Erwählung und Geschichte*. Göttingen: Vandenhoeck & Ruprecht.
Pannenberg, Wolfhart. 1986. *Christliche Spiritualität. Theologische Aspekte*. Göttingen: Vandenhoeck & Ruprecht.
Pannenberg, Wolfhart. 1993. Christliche Rechtsbegründung. In *Handbuch der christlichen Ethik. Band II*, hrsg. von Anselm Hertz, Wilhelm Korff, Trutz Rendtorff und Hermann Ringeling, 323–338. 3. Aufl. Freiburg i.Br.: Herder.

Raiser, Konrad. 2010. *Religion Macht Politik. Auf der Suche nach einer zukunftsfähigen Weltordnung.* Frankfurt a. M.: Lembeck.
Reuter, Hans-Richard. 1996. *Rechtsethik in theologischer Perspektive. Studien zur Grundlegung und Konkretion.* Gütersloh: Gütersloher Verlagshaus.
Rohls, Jan. 1999. *Geschichte der Ethik.* 2. Aufl. Tübingen: Mohr Siebeck.
Scarano, Nico. 2002. Einleitung. In *Philosophie der Gerechtigkeit. Texte von der Antike bis zur Gegenwart*, hrsg. von Christoph Horn und Nico Scarano, 17–90. 2. Aufl. Frankfurt a. M.: Suhrkamp.
Scheliha von, Arnulf. 2013. *Protestantische Ethik des Politischen.* Tübingen: Mohr Siebeck.
Schleiermacher, Friedrich. 1990 [1812/13]. *Ethik* mit späteren Fassungen der Einleitung, Güterlehre und Pflichtenlehre. Auf der Grundlage der Ausgabe von Otto Braun, hrsg. von Hans-Joachim Birkner. 2. Aufl. Hamburg: Meiner.
Schleiermacher, Friedrich. 1998 [1817/18]. *Vorlesungen über die Lehre vom Staat* (1829-33; Nachschrift Goetsch, Kolleg 1817/18). In KGA II/8, hrsg. von Walter Jaeschke. Berlin: De Gruyter.
Taubes, Jacob. 1985. Statt einer Einleitung: Leviathan als sterblicher Gott. Zur Aktualität von Thomas Hobbes. In *Religionstheorie und Politische Theologie. Bd. 1*, hrsg. von Jacob Taubes. 2. Aufl. München: Ferdinand Schöningh.
Yoder, John Howard. 1972. *The Politics of Jesus. Vicit Agnus Noster.* 2. Aufl. Grand Rapids, MICH: Wm. B. Eerdmans/Paternoster Press.
Yoder, John Howard. 1984. *The Priestly Kingdom. Social Ethics as Gospel.* Notre Dame, IND: Notre Dame Press.
Yoder, John Howard. 1996. *When War is Unjust. Being Honest in Just-War Thinking.* Eugene, OR: Wipf & Stock Publishers.

Die deutsche Sprache des Rechts
Ein völkerrechtspolitischer Sonderweg?

Lothar Brock und Hendrik Simon

1 Einleitung: Eine deutsche Sprache des Rechts? Auf historisch-genealogischer Spurensuche im Wörterbuch moderner Gewaltlegitimationen

In einem Aufsatz von 2011 schreibt Martti Koskenniemi, das Völkerrecht sei zwar durch ein europäisches politisches Vokabular geprägt, im Hinblick auf seine Problemfelder und seine Geschichte allerdings vornehmlich eine „deutsche Disziplin": Deutsch(sprachig)e Völkerrechtstheoretiker hätten die Disziplin in einer Weise geprägt, wie es von englischen, französischen oder US-amerikanischen Juristinnen und Juristen nicht behauptet werden könne (Koskenniemi 2011, S. 45f.). Koskenniemis Beobachtung, nach der das moderne Völkerrecht und seine Wissenschaft von genuin deutschen Traditionslinien geprägt sei – es also so etwas wie eine deutsche Wurzel des Völkerrechts und entsprechend eine deutsche Völkerrechtsgeschichte geben könnte –, deckt sich mit Äußerungen anderer WissenschaftlerInnen, die in Fachdiskursen zuweilen von genuin deutschen Traditionslinien des Völkerrechts und der Völkerrechtspolitik sprechen (vgl. Bogdandy 2006; Bianchi 2016, S. 44). Als Ausgangspunkt des vorliegenden Beitrags lässt sich also fragen: Gibt es so etwas wie eine deutsche Tradition im Völkerrecht? Welche Charakteristika können ihr zugeschrieben werden? Inwiefern also gibt es typisch „deutsche" Zugänge zum Völkerrecht? Und – weil von einem monolithischen, starren Diskurs nicht auszugehen ist – wie haben sie sich im Verlauf der Moderne entwickelt und verändert?

Im vorliegenden Beitrag soll diesen Fragen nachgegangen werden, indem wir uns – freilich ohne Anspruch auf Vollständigkeit – deutschen Völkerrechtsdiskursen zu Krieg und Frieden im Sinne einer modernen Genealogie der völkerrechtlichen Gewaltlegitimation zuwenden. Anstatt aber die Existenz einer einzigen deutschen Sprache des Rechts zu behaupten, verweisen wir vielmehr auf die Gleichzeitigkeit konkurrierender (und teils weitgehend vergessener) Dialekte und Akzente der deutschen Sprache des Rechts in der Moderne – wenn nicht gar auf mehrere deutsche Sprachen des Rechts: Wie wir zeigen, haben sich diese zum Teil in klarer kommunikativer Abgrenzung voneinander herausgebildet und miteinander um diskursive Autorität konkurriert. Dabei wurden sie von einer grundlegenden Problematik in der deutschen Geschichte geprägt: dem Problem souveräner Staatlichkeit beziehungsweise gesamtstaatlicher Handlungsfähigkeit. Im Umgang mit diesem Problem kommen unterschiedliche Vokabularien und Argumentationsweisen zum Zuge.

2 Konzeptionelle Vorüberlegungen: Politik, Recht und Gewalt im Völkerrechtsdiskurs

Wissenschaftsdiskurse konstituieren sich durch wiederholten Bezug auf bestimmte Vokabeln. Wie Riten und Dogmen sind sie auf wiederholte Anwendbarkeit im Diskurs angewiesen: Ohne diese wiederholte Anwendbarkeit ist, so Reinhart Koselleck (2000, S. 14), eine „Ordnung [...] – wie gefährdet auch immer – nicht zu haben". Mit anderen Worten: Ein Diskurs hat immer eine Geschichte (vgl. Foucault 1973) – so verhält es sich auch mit den verschiedenen Sprachen des Rechts. Will man die Charakteristika eines bestimmten wissenschaftlichen Diskurses und der in ihm gesprochenen Sprache herausarbeiten, bietet es sich also an, nach Ursprung und Genese, Tradition und Modifikation der in einer Disziplin verwendeten Begriffe und Vokabeln, also nach ihrer Genealogie, zu fragen. Es geht darum, Regelmäßigkeiten zu identifizieren, anhand derer versucht worden ist, Ordnung in das Chaos der sagbaren Dinge zu bringen. Dabei bietet es sich an, einen disziplinären Diskurs zunächst anhand seines Ursprungs zu betrachten und davon ausgehend seine Genese.

Mit der Geschichtlichkeit von Diskursen lässt sich zugleich auf ihre Konflikträchtigkeit verweisen. Die diskursive Autorität von Vokabeln, Subjekten und normativen Quellen verändert sich: „Worte sind Politik. Wenn Begriffe sich ändern, werden Dinge, die bisher nicht gesagt werden konnten, von allen ausgesprochen [...]", so fasst es Koskenniemi (2009, S. 395) zusammen. Völkerrechtliches „Wissen" ist also zeitgebunden und darüber hinaus eng mit der Geschichte und einzelnen politischen Problemfeldern verbunden, denn Recht ist aus politologischer Sicht zwar eine Ressource der Macht. Es kann aber als solche nur wirksam werden, solange es von seinen Adressaten als Recht anerkannt wird.

Es besteht also ein dialektisches, geradezu schicksalhaftes Spannungsverhältnis zwischen Politik und Recht (vgl. Brock und Simon 2018): Während es die Hoffnung der liberalen Rechtstheorie im Sinne Kants ist, dass das Recht Frieden durch Überwindung von willkürlicher Gewalt schafft, verweist die kritische Rechtstheorie – im Sinne einer tief verwurzelten Dialektik der Aufklärung – darauf, dass das Recht immer ein Produkt politischer Gewalt ist. Weil das Recht ein Ergebnis sozialer, wirtschaftlicher und politischer Konflikte darstellt, brennt sich Gewalt „schicksalhaft" (Benjamin 1965 [1920/21]; Menke 2012) in rechtliche Ordnungen und die sie begleitenden wissenschaftlichen Diskurse ein. Oder, in freier Bezugnahme auf Foucault: Recht ist gewissermaßen „eine Fortsetzung des Krieges mit anderen Mitteln" (2009, S. 32).

Besonders offensichtlich wird diese dialektische Verflechtung von Gewalt und Recht im Völker- und Verfassungsrecht: Das Verfassungsrecht hat sich aus der Legitimation von Herrschaft, das Völkerrecht aus der Legitimation einseitiger (willkürlicher) Gewaltanwendung entwickelt. Von der Lehre vom „gerechten Krieg" *(bellum iustum)* bis zur UN-Charta ist die Frage nach der Legitimität von Gewalt die zentrale Frage des Völkerrechts geblieben. Dementsprechend drückt sich hier die Gewaltprägung des Rechts und seiner wissenschaftlichen Diskurse unmittelbar aus. Das gilt insbesondere und traditionell für deutsche Diskurse des Völkerrechts, die wie wohl keine andere nationale Rechtssprache von einem historisch begründeten Problemfeld betroffen waren: Der Realisierung von staatlicher Souveränität und, davon ausgehend, dem hochpolitischen Spannungsfeld zwischen nationaler Handlungsautonomie und internationaler normativer Ordnung.

3   Staatliche Souveränität als Grundproblem deutscher Völkerrechtsdiskurse

In der politikwissenschaftlichen Teildisziplin der Internationalen Beziehungen gilt der dreigliedrige Westfälische Doppelfrieden von 1648 bekanntlich als Ausgangspunkt für das sogenannte „Westfälische System" souveräner Staaten und damit als Beginn einer internationalen Ordnung im engeren Sinne. Mittlerweile ist dieses System und die These einer einschneidenden Zäsur von „1648" in-

und außerhalb der Disziplin aus guten Gründen hoch umstritten (vgl. Duchhardt 1999; Osiander 2001): Souveränitätslehren und -ansprüche finden sich weit vor den Friedensverträgen (vgl. Bodin 2005 [1576]), in letzteren allerdings weder eine positiv-rechtliche Festschreibung von staatlicher Souveränität noch der Nicht-Intervention. Eine klare Trennung zwischen staatlichem „Innen" und „Außen" lässt sich zudem erst im langen 19. Jahrhundert identifizieren (vgl. Vec 2016).

Der Kontext des Westfälischen Friedens eignet sich aber dennoch – auch und gerade für die Herausbildung der deutschen Sprache(n) des Rechts – als ideengeschichtlicher Ausgangspunkt. Das Heilige Römische Reich war unfähig, die Zwischen-Mächte-Beziehungen (Steiger 2011) der deutschen Ständekorporationen effektiv zu ordnen und damit zu befrieden. Auch der Westfälische Frieden lieferte letztlich keine abschließenden politischen oder gar rechtlichen Antworten auf diese Problematik. In seinem Zentrum stand aber eben doch das für das moderne Völkerrecht so zentrale Spannungsverhältnis zwischen staatlicher Souveränität und internationaler Ordnung (Duchhardt 2018), und die Friedensverträge lieferten zumindest Ansätze für die Bearbeitung dieses Spannungsverhältnisses, indem sie einerseits die konfessionellen Parteien als gleichberechtigt anerkannten und andererseits reichsverfassungsrechtliche Vorkehrungen für die Befriedung neuer konfessioneller Streitigkeiten (die nicht lange auf sich warten ließen) trafen. Zudem behielten sich die Garantiemächte Frankreich und Schweden das Recht vor, im Falle einer scheiternden reichsinternen Befriedung erneuter Konflikte einzugreifen.

Die Westfälische Gemengelage und die ihr zugrunde liegenden Konflikte waren für die Fortbildung der frühneuzeitlichen deutschen Rechtslehre entscheidend. Der Religionsfrieden steht also in erster Linie für eine „deutsche Friedenstradition" (Westphal 2015) – auch wenn diese Friedenstradition im Reich Ergebnis der

Gewaltdynamik des Dreißigjährigen Krieges war (vgl. Tischer 2018, S. 35). Mehr noch, Koskenniemi zufolge erhielten die Europäer ihre „Sicht auf die internationale Rechtswelt" aus dem Kontext der „Westfälischen Regelung" (Koskenniemi 2006, S. 4). Als ersten Zeugen einer frühneuzeitlichen deutschen Rechtslehre lässt Koskenniemi den Lutheraner Samuel von Pufendorf (1632–1694) zu Wort kommen. Angesichts der „anarchischen Gesellschaft" des deutschen Reiches als *civitas composita* (Koskenniemi 2006 unter Bezug auf Hedley Bull 1977) entwickelte Pufendorf im Anschluss an die westfälischen Friedensverträge eine Vernunftrechtslehre, die eine zunehmend rechtliche, ent-theologisierte Kooperation zwischen souveränen deutschen Fürsten in einer Rechtsordnung, die kein Staat war, in ihr analytisches Zentrum stellte.

Pufendorf war – wie Koskenniemi (2006, S. 1) einräumt – keineswegs der einzige Autor, in dessen Schriften die ersten Spuren des modernen Völkerrechts identifiziert werden können. Die finden sich auch in der spanischen Spätscholastik, der vielleicht ersten völkerrechtlichen Denkschule überhaupt (Fassbender 2012, S. 2), und bei Grotius und Vattel. Für Koskenniemi boten Pufendorfs realistische Analysen des Heiligen Römischen Reichs aber ein erstes völkerrechtstheoretisches *System* im modernen Sinne: Menschliche Gemeinschaft, so Pufendorf, entwickle sich aus der vernünftigen Einsicht eigennütziger Akteure, ihre Ziele durch Kooperation effektiver erreichen zu können. Die Vokabeln für die notwendige Regulation stelle das Recht dar: „Recht, anstelle von Theologie oder Philosophie, erklärte die Realität einer fragmentierten Welt" (Koskenniemi 2006). Die Analysen Pufendorfs und der ihm im 18. Jahrhundert nachfolgenden deutschen Juristen Thomasius, Pütter und Achenwall seien, so Koskenniemi (2011, S. 48), die ersten gewesen, die die Quadratur des Kreises von autonom handelnden Souveränen unter einer gemeinsamen Rechtsordnung hätten lösen können.

In diesem Sinne „typisch deutsch" war auch die Hinwendung zu einem an der Staatenpraxis orientierten Rechtspositivismus, den insbesondere der Göttinger Jurist Georg Friedrich von Martens (1756–1821) zu Beginn des „langen 19. Jahrhunderts" (1789–1918) vertrat. Anknüpfend an Pufendorfs, Pütters und Achenwalls Arbeiten zum Reichsrecht systematisierte Martens das Völkerrecht, gegründet, wie er es nannte, auf „Verträge und Herkommen" (von Martens 1796), also auf die rechtspolitischen Praktiken und diplomatischen Interaktionen der europäischen Souveräne. Als Reaktion auf die frühneuzeitlichen Konfessionsstreitigkeiten hatte sich in der Sprache der deutschen Völkerrechtslehre also ein grundlegendes Begriffspaar herausgebildet, das, wie oben bereits angedeutet, für die modernen rechtlichen Gewaltdiskurse konstitutiv bleiben sollte: Souveränität und übergreifende Rechtsordnung.

Besonders deutlich zeigte sich dieses Spannungsverhältnis in (früh-)modernen Gewaltdiskursen. Weil in großen Teilen der rechtlichen ebenso wie der politischen Theorie die Lehre vom „gerechten Krieg", jedenfalls im Hinblick auf das *ius ad bellum*, weitgehend aufgegeben wurde, allerdings kein positivrechtliches Kriegsverbot existierte, behaupteten Theoretiker nun zunehmend, dass ein europäischer Souverän in seinem politischen Willen zur Kriegsführung unbeschränkt sei (Spinoza 1677). Carl Schmitt (1888–1985) sah hierin später die Einführung eines „nicht-diskriminatorischen Kriegsbegriffs", der den Beginn des „modernen Völkerrechts" signalisiere (Schmitt 1950, S. 147). Er rekurrierte damit auf den „beiderseits gerechten Krieg" (Gentili 1589), der in der frühen Neuzeit von Denkern in ganz Europa vertreten wurde.

Während die Gerechtigkeit des Krieges in der Rechtstheorie also an Bedeutung verlor, lässt sich dies in der politischen Praxis der frühen Neuzeit gerade *nicht* beobachten: Kriege wurden weiterhin und regelmäßig mit Verweis auf einen „gerechten Grund" legitimiert (Tischer 2012). Auch im 19. Jahrhundert bildete sich kein *liberum ius ad bellum* heraus (Simon 2018), wie irrtümlich immer wieder behauptet wird. Vielmehr zeigte sich in der These vom „freien Recht zum Krieg" eine „deutsche Wende" im Völkerrecht, die im langen 19. Jahrhundert konkrete Gestalt annahm und zur Herausbildung zweier Linien des deutschen Völkerrechtssprechens führte.

4 Zwischen Kant und Clausewitz: Die Herausbildung zweier Linien des deutschen Völkerrechts-Sprechens im langen 19. Jahrhundert

Die deutsche frühneuzeitliche Völkerrechtslehre meinte im natürlichen Vernunftrecht sowie, zunehmend, im positiven Recht das richtige Vokabular für die Regulation und Koordination der Zwischen-Mächte-Beziehungen im Reich und in Europa gefunden zu haben. Dabei ging allerdings (wie eben angedeutet) die Theorie an der politischen Praxis vorbei. Da die frühneuzeitliche Rechtslehre Souveränität und internationale Rechtsordnung für vereinbar und, mehr noch, für komplementär hielt, übersah sie die Notwendigkeit, an die Stelle der *bellum iustum*-Theorie eine rechtliche Befriedung zwischenstaatlicher Beziehungen durch völkerrechtliches Kriegsverbot zu setzen. So konnte von Martens (1796, S. 297) zwar mit guten Gründen die naturrechtlichen Rechtfertigungsnarrative revolutionärer Gewalt in Frankreich zurückweisen – ein neues rechtliches Vokabular zur Eindämmung der „Willkürfreiheit" der Staaten im Umgang mit der Gewalt hatte er gleichwohl nicht anzubieten.

Diese Innovation erbrachte an der Schwelle zum modernen Gewaltdiskurs wiederum ein Deutscher, nämlich Immanuel Kant (1724–1804), der im Gegensatz zu von Martens durchaus gewisse Sympathien für die Französischen Revolution hegte (wenngleich nicht mit ihrer gewaltsamen Expansion). Kant (2011 [1795]) konzipierte ein dreigliedriges öffentliches Recht, das das frühneuzeitliche Spannungsfeld zwischen staatlicher Handlungsautonomie und internationaler Ordnung zugunsten einer umfassenden Verrechtlichung zwischenmenschlicher Beziehungen auf staatlich-republikanischer, zwischenstaatlicher und kosmopolitischer Ebene auflösen sollte. In gewisser Hinsicht knüpfte Kant hierfür an die skizzierten deutschen Völkerrechtstraditionen der frühen Neuzeit an, indem auch er seinen Entwurf von 1795 in der typisch deutschen Sprache des öffentlichen (Verfassungs-)Rechts formulierte (vgl. Koskenniemi 2011, S. 64). Anders als die frühneuzeitlichen Völkerrechtler und anders auch als Georg Wilhelm Friedrich Hegel (1770–1831), der wiederum die staatliche Souveränität hervorheben sollte (1979 [1820]), glaubte Kant an die Möglichkeit, die willkürliche Gewaltanwendung durch positives Recht zu überwinden *(ius contra bellum)*, also Frieden durch Recht zu schaffen.

Von der Forschung bisher weitgehend verkannt, war Kants Entwurf eines „ewigen Friedens" nicht erst für liberale deutsch(sprachig)e Völkerrechtler wie Hans Kelsen (1944) im 20. Jahrhundert, sondern bereits für liberale deutsch(sprachig)e Völkerrechtler im 19. Jahrhundert wegweisend. So strebte etwa der in Heidelberg lehrende Schweizer Johann Caspar Bluntschli (1808–1881), einer der Mitbegründer des Institut de Droit International (1873), wie Kant eine vollständige Verrechtlichung des Krieges im Sinne eines positiven *ius contra bellum* an: Krieg sei in „der Regel […] ein Rechtsstreit zwischen Staaten als Kriegsparteien über öffentliches Recht" (Bluntschli 1868, S. 287). Zu rechtfertigen sei Krieg daher nur, so Bluntschli im Anschluss an Kant und gegen Clausewitz, „wenn und soweit die bewaffnete Rechtshülfe durch das Völkerrecht begründet ist" (Bluntschli 1868, S. 287). Als bloßes Mittel der Politik sei der Krieg durchaus verwerflich.

Nicht nur ein genauerer Blick auf die völkerrechtlichen Gewaltdiskurse im 19. Jahrhundert, sondern auch auf die Staatenpraxis der Kriegslegitimation selbst zeigt, dass das sogenannte „freie Recht zum Krieg" (*liberum ius ad bellum*) ein Mythos der Völkerrechtsgeschichte ist (Simon 2018). Mehr noch: Der völkerrechtliche Mainstream stand bereits im 19. Jahrhundert gegen den Krieg als Mittel der Politik – und für eine Verrechtlichung der internationalen Beziehungen im Sinne des deutschen Rechtsdiskurses nach Kant. Als Gegenentwicklung entstand aber eine zweite deutsche Sprache des Rechts, die sich ebenfalls zum Ende des 19. Jahrhunderts herausbildete: Verschrieben sich liberale Völkerrechtler einer Verrechtlichung der internationalen Beziehungen im Sinne Kants, so formulierten die Vertreter dieser zweiten Richtung eine eigene, auf Machtpolitik ausgerichtete Sprache des Rechts.

Anlass für die Ausformulierung dieser *realistischen* Sprache des Rechts war die durch die deutschen Einigungskriege enorm gestiegene Machtposition des 1871 gegründeten Deutschen Kaiserreichs. Bereits die gescheiterte Revolution von 1848 hatte eine Hinwendung einzelner deutscher Juristen wie Hermann Heller – sowie vornehmlich von deutschen Historikern – zum Machtstaatsprinzip und einer entsprechend konservativen Interpretation Hegels begünstigt: Die Schwäche Deutschlands in der „Westfälischen" beziehungsweise „Wiener Ordnung" sei durch eine starke, durch Krieg vereinte Monarchie zu überwinden (vgl. Carty 2008, S. 41). Nachdem diese Aufgabe mit den Einigungskriegen von 1864, 1866 und 1870/71 faktisch erfüllt worden war, spitzte sich in der Rechtslehre des Kaiserreichs das Spannungsverhältnis zwischen der nun gewonnenen Souveränität und politischen Macht einerseits und der internationalen Ordnung andererseits deutlich zu.

Gut zu erkennen ist die Spaltung der deutschen Völkerrechtstheorie an zwei der einflussreichsten deutschen Lehrbüchern dieser Zeit: Auf der einen Seite stand das Standardwerk des Liberalen

Franz von Liszt (1851–1919), auf der anderen Seite jenes von Emanuel Ullmann (1841–1913): Von Liszt beschrieb Krieg weiterhin, im Sinne von Bluntschli et al., als „ultima ratio zur Erledigung völkerrechtlicher Streitigkeiten" (1898, S. 206), wobei er die Rationalität dieser „ultima ratio" aber selbst bezweifelte. Auch für von Liszt konnte Krieg nicht aus machtpolitischen, sondern allein aus völkerrechtlichen Gründen legitimiert werden: Der wichtigste Grund war weiterhin Selbstverteidigung. Ullmann hingegen ging davon aus, dass kein souveräner Staat ein anderes Urteil über sein Vorgehen anerkenne als sein eigenes, und daher jeder Staat den anderen zur Herbeiführung des Krieges für befugt halte (Ullmann 1898, S. 313). Ullmann nahm also die Existenz eines „freien Rechts zum Krieg" an.

Entscheidend ist nun, dass Liberale wie von Liszt politisch weitgehend einflusslos blieben, während die konservative Völkerrechtspolitik des Kaiserreichs Juristen begünstigte, die den für die deutschen Diskurse seit Pufendorf typischen Dualismus von Souveränität und Rechtsordnung klar zugunsten eigenständiger Handlungsfähigkeit verschoben. Dabei handelte es sich häufig um Rechtswissenschaftler mit einer engen persönlichen und ideologischen Nähe zum deutschen Militär. Das zeigte sich *praktisch* darin, dass diese Juristen bei der Auswahl der beratenden oder diplomatischen Posten auf den Haager Friedens-Konferenzen (1899/1907) begünstigt wurden (vgl. Payk 2018, S. 58), und *theoretisch* darin, dass einige dieser Juristen aus einem empirischen Positivismus heraus Krieg mit direktem Bezug auf die Kriegskonzeption Carl von Clausewitz' als Staatenduell definierten (in ihrem Kriegsenthusiasmus allerdings über Clausewitz deutlich hinausgingen).

Der Krieg sei in der Tat eine Fortsetzung der Politik in anderer Form, schrieb der deutsche Völkerrechtler Karl Lueder (1834–1895). Er sei notwendig für die Erhaltung des Staates, mehr noch: er sei ein

„wahrer notwendiger Kulturträger" (Lueder 1889, S. 203). Daraus entwickelte sich das Narrativ der Kriegsnotwendigkeit beziehungsweise der „Kriegsräson", das in unterschiedlichen Ausprägungen (bei denen die Grenzen von *ius ad bellum* und *ius in bello* fließend sind) zu einem zentralen Vokabular nicht nur der *realistischen* deutschen Völkerrechtslehre wurde, sondern auch der von ihr beeinflussten deutschen Völkerrechtspolitik: Mit ihr wurden die völkerrechtswidrigen Angriffe auf Belgien und Luxemburg 1914 („Notstand") ebenso wie die Verstöße gegen die Regeln des *ius in bello*, zum Beispiel in Gestalt der totalen Kriegsführung zur See oder in Südwestafrika, legitimiert, die im Ergebnis auf einen Völkermord an den Herero und Nama hinausliefen (Hull 2005; von Bernstorff 2018, S. 246).

Wie es der deutsche Jurist Heinrich Rettich in einer Schrift von 1888 eindrücklich belegt, bildete sich die These vom *liberum ius ad bellum* erst in diesem Clausewitzianischen Umfeld des Deutschen Kaiserreichs heraus (vgl. Simon 2018). Erst durch ihre geschickte Weitergabe über Carl Schmitt, (den frühen) Hans J. Morgenthau (1904–1980) und Wilhelm Grewe (1911–2000) verschaffte sie sich als Mythos bis in die Gegenwart Eintritt in die völkerrechtshistorischen Diskurse. Es sollte nicht unerwähnt bleiben, dass auch liberale Völkerrechtler des 19. Jahrhunderts Ideologien einer globalen Überlegenheit und Zivilisationsmission Europas anhingen. Sie gingen zudem in Abgrenzung vom Europäischen Konzert der Monarchien eine Liaison mit dem deutschen Nationalismus ein, wenn auch in moderater Form. So rechtfertigten liberale Völkerrechtler wie Bluntschli und Rudolf von Jhering die offensichtlich gegen die Normen der Wiener Ordnung verstoßenden deutschen Einigungskriege aus politischen Motiven – auch wenn sie damit im Grunde gegen ihre eigenen juristischen Lehren verstießen (Simon 2020). Das trug am Ende des langen 19. Jahrhunderts möglicherweise zur Dominanz der Clausewitzianer im Tauziehen zwischen denjenigen bei, die in der Tradition Kants ein Primat des Rechts vertraten, und denjenigen, denen es nach Clausewitz um den Primat der Politik ging.

5 Von der Rechtfertigung des Krieges zur Organisation des Friedens? Deutsche Rechtsdiskurse nach den Weltkriegen

Grob gesprochen ließe sich argumentieren, dass die Herausbildung einer deutschen Rechtstradition zum Thema „Frieden durch Recht" stark von der Position Deutschlands im internationalen System geprägt war und ist. Am Anfang war die Erfahrung der „anarchischen Gesellschaft" (Bull 1977) des Heiligen Römischen Reiches Deutscher Nation. Unter diesen Bedingungen war das große Thema, wie ein normativer Rahmen für eine „Staaten"-übergreifende Ordnung unter der Bedingung rivalisierender Autonomieansprüche aussehen könnte. Die Antwort war ein Pluriversum von prinzipiell gleichberechtigten Staaten, die sich als solche wechselseitig anerkannten und damit die Grundlage für eine Fortexistenz des Systems (auch im Krieg) schufen. Die Auflösung des alten Reiches und die Durchsetzung der deutschen Einigung im langen 19. Jahrhundert führten zu der geschilderten Aufspaltung des Rechtsdiskurses. Dabei gewann die Clausewitzianische Denkweise in der Politik des Deutschen Reichs – nicht aber in Europa – gegen Ende des langen 19. Jahrhunderts die Oberhand. „Not kennt kein Gebot", so fasste Reichskanzler Theobald von Bethmann Hollweg in seiner Legitimation des völkerrechtswidrigen Einmarsches in Belgien den völkerrechtlichen Sonderweg Deutschlands zusammen. Die Niederlage im Ersten Weltkrieg und die ihr folgenden Auseinandersetzungen um den Versailler Vertrag begünstigten die

Rückkehr zum Doppeldiskurs – jetzt in Gestalt eines Streits über die völkerrechtlichen Implikationen der Niederlage.

Symbolfigur des einen Argumentationsstranges war Carl Schmitt. Er war ein scharfer Kritiker des Versailler Vertrages und der mit ihm (vermeintlich) einhergehenden internationalen Ordnungspolitik. Schmitt lehnte kosmopolitische Denkansätze in der Tradition Kants und universalistische Ordnungsansätze in der Form des Völkerbundes vehement ab, weil sie aus seiner Sicht einer Konsolidierung der Nachkriegsordnung als Herrschaft der Siegermächte dienten. Er plädierte nicht für die Rückkehr zur „Westfälischen Ordnung", sondern trat für ein Arrangement ein, das die alte Staatenordnung durch ein Pluriversum von Großräumen mit einem Interventionsverbot für raumfremde Mächte ersetzen würde. Dieses Konzept, das er nach dem Zweiten Weltkrieg im „Nomos der Erde" (Schmitt 1950) weiter ausarbeitete, berief sich auf die US-amerikanische Monroe-Doktrin von 1823, die aber – so Schmitt – durch die Gründung des Völkerbundes und speziell durch den Briand-Kellogg-Pakt von 1928 (trotz der Erwähnung der Doktrin in der Völkerbundsatzung) zugunsten eines global-imperialistischen Ordnungsansatzes zum Vorteil der Siegermächte aufgegeben worden sei. In Verbindung mit einer radikalen Kritik des Liberalismus und Parlamentarismus (Schmitt 1993 [1922]) führten Schmitts ordnungspolitische Vorstellungen letztlich in die völkerrechtliche Legitimation der nationalsozialistischen Großraumpolitik.

Für die andere deutsche Sprache des Rechts (die sich in Österreich ausbildete und bald mit US-amerikanischem Denken verbinden sollte) stand Hans Kelsen (1881–1973) mit seinen Vorstellungen zu „Staat, internationale(r) Gemeinschaft und Völkerrecht" (Brunkhorst und Voigt 2008). Während Schmitt den Krieg als notwendige Entscheidung unausweichlicher (wenn auch abgestufter) Feindschaften zwischen politischen Einheiten verstand, war er bei Kelsen einfach nur die „größte Schande unserer Kultur" (Kelsen 1944, S. vii). Und er sah es als die vordringlichste Aufgabe an, diese Schande zu überwinden, da es so lange keinen wirklichen sozialen Fortschritt geben könne, so lange nicht eine handlungsfähige internationale Organisation entstehe, die den Krieg zwischen Staaten tatsächlich verhindern könne (vgl. Fassbender 2008, S. 127). Während der Völkerbund aus der Sicht Schmitts als Instrument zur dauerhaften Unterwerfung Deutschlands konzipiert worden war, sah Kelsen im Völkerbund einen vielversprechenden Anfang zur Konkretisierung der Idee Kants, Frieden durch Recht zu erreichen – aber eben nur einen Anfang, den es entschlossen auszubauen galt. Dazu gehörte als zentrales Element die Einrichtung einer obligatorischen internationalen Gerichtsbarkeit, in der er den Schlüssel zu einer Weltfriedensordnung sah.

Seinen Vorschlägen zur Weiterentwicklung des Völkerbundes lagen rechtstheoretische und -philosophische Überlegungen zugrunde, die in seine Lehre zum Völkerrecht als positivem Recht eingingen. Zentrale Botschaft dieser Lehre war, dass das Völkerrecht den Geltungsbereich des innerstaatlichen Rechts einschränke und darin die Hauptfunktion des Völkerrechts bestehe. Wie Kelsen später klarstellte, gelte dies sogar dann, wenn man den Vorrang des nationalen Rechts gegenüber dem Völkerrecht konzediere, da auch unter dieser Bedingung das Völkerrecht den Geltungsbereich des staatlichen Rechts beschränke und reguliere (dazu Hoss 2008, S. 153f.). Mitstreiter in der Sache wie Hans Wehberg (1885–1962) und Walter Schücking (1875–1935) teilten diese Auffassung Kelsens. Von der „realistischen" Denkrichtung à la Schmitt wurde sie strikt zurückgewiesen.

Auch methodisch wurde – wie schon im 19. Jahrhundert – wieder gestritten: Auf der einen Seite standen liberale Rechtspositivisten, auf der anderen Seite politisch und soziologisch argumentierende Juristen (vgl. Stolleis 2014, S. 100f.). Trotzdem gab es wie im späten

19. Jahrhundert auch nach dem Ersten Weltkrieg Verbindungslinien zwischen den unterschiedlichen Denkrichtungen. Sie bezogen sich vor allem auf die Kritik einer einseitigen Zuweisung der Kriegsschuld an Deutschland durch den Versailler Vertrag und den sich daran anschließenden Paternalismus im Umgang mit Nachkriegsdeutschland. Auch Wehberg und Schücking erschien die Revision der Nachkriegsordnung als Voraussetzung für einen Wiederaufbau Europas (vgl. Lange 2017, S. 543).

Darüber hinaus öffnete sich ein neuer Raum für die völkerrechtliche Kommunikation, wie Felix Lange (2017, S. 543) herausgearbeitet hat. Im Anschluss an Koskenniemi stellt er fest, dass bedeutende deutsche Völkerrechtler wie Georg Jellinek (1851–1911), Hans Kelsen und Erich Kaufmann (1880–1972) eher als ihre britischen oder französischen Kollegen geneigt waren, große rechts-philosophische Betrachtungen zum Völkerrecht anzustellen. Nach dem Ersten Weltkrieg, so beobachtet es Lange, setzte aber ein Wandel ein und zwar in der Form, dass sich neben den rechtstheoretischen und -philosophischen Kontroversen ein „practice turn" in der deutschen Völkerrechtswissenschaft vollzog. Auch hier spielte die internationale Position Deutschlands eine wichtige Rolle. Es ging darum, die deutschen Interessen im Umgang mit den neuen Anforderungen der Nachkriegsordnung an die deutsche Politik wirkungsvoll zu vertreten (Lange 2017, S. 517). Man musste sich also mit der internationalen Völkerrechtspraxis vertraut machen, völkerrechtliche Entscheidungen sammeln und zugänglich machen sowie einschlägige diplomatische Korrespondenzen erfassen und Strategien zur Vertretung deutscher Interessen entwickeln. 1924 wurde zu diesem Zweck das Kaiser-Wilhelm-Institut für vergleichendes öffentliches Recht und Völkerrecht (KWI) gegründet, das nach dem Zweiten Weltkrieg wie andere Kaiser-Wilhelm-Einrichtungen zu einem Institut der Max-Planck-Gesellschaft mutierte.

Die institutionelle Präsenz des deutschen Völkerrechts passte sich damit an die internationale Entwicklung an. Es erhielt eine Service-Funktion für die Politik, die eine Professionalisierung des Völkerrechts als Arbeitsfeld im Schnittpunkt zwischen Recht und Politik ermöglichte. Die Dienste des KWI wurden allerdings auch von den Nationalsozialisten in Anspruch genommen. Zudem hatte sein Direktor von 1944 bis 1946, Carl Bilfinger (1879–1958), der Weimarer Demokratie wenig freundlich gegenübergestanden – und das Reich neben Carl Schmitt und Erwin Jacobi im Prozess „Preußen gegen das Reich" vertreten (vgl. Lange 2014, S. 705). Unter dem nachfolgenden Direktor, Hermann Mosler (1912–2001), gelang es dann offenbar, das KWI, nunmehr als Max-Planck-Institut, in die Neuordnung Deutschlands nach dem Zweiten Weltkrieg einzubringen. Im Windschatten dieser Entwicklung konnten sich auch Völkerrechtler, die sich dem Nationalsozialismus angedient hatten, neu etablieren. Nach dem Zweiten Weltkrieg vervielfältigten sich die Anforderungen an das Völkerrecht im Vergleich zur Situation in den 1920er-Jahren. Und wieder ging es darum, die deutsche Position nach der Niederlage zu stärken. In diesem Sinne war das „unpolitische" Völkerrecht hoch politisch:

> "By limiting oneself to strictly legal arguments, one tried to regain the trust of the Western world. [...] For [Hermann] Mosler [the MPI director] the practice oriented method paved the way for the Federal Republic to become an equal international partner of the West" (Lange 2017, S. 554).

Nach der erneuten Niederlage im Zweiten Weltkrieg wurde die Schmitt'sche Denkweise im Völkerrechtsdiskurs weitgehend marginalisiert. In leicht versteckter Form wirkte sie in der viel verwendeten Völkerrechtsgeschichte von Schmitts Schüler, Wilhelm Grewe, fort (vgl. Fassbender 2002; Simon 2018), während ein den Realismus neu begründender Denkansatz von dem vor den

Nationalsozialisten geflohenen Hans Joachim Morgenthau in den USA entwickelt wurde (Jütersonke 2010). Unter dem Eindruck der nationalsozialistischen Verbrechen verschob sich der Bereich des Sagbaren im Nachkriegsdeutschland aber eindeutig zugunsten von Rechtspositionen, die dem Gedanken des Friedens durch Recht (in Verbindung mit institutionalisierten Formen der internationalen Kooperation) verpflichtet waren (und eher jenen ebenfalls ausgewanderten Völkerrechtlern entsprach, die in den USA neu-kantianische Ansätze vertraten – allen voran Hans Kelsen).

Das kam schon in der Arbeit des Parlamentarischen Rates und dem von ihm formulierten Grundgesetz zum Ausdruck. Im Einklang mit Kelsens Thesen zum Verhältnis von Völkerrecht und nationaler Rechtsordnung (s. o.) wurde das Völkerrecht durch Art. 25 Grundgesetz (GG) in die deutsche Rechtsentwicklung inkorporiert. Das heißt nicht, dass dem Völkerrecht Verfassungsrang (wie in Österreich) oder gar Überverfassungsrang (wie in den Niederlanden) zugewiesen wurde, wohl aber, dass „die allgemeinen Regeln des Völkerrechts […] unmittelbar Eingang in die deutsche Rechtsordnung finden und dem deutschen innerstaatlichen Recht […] vorgehen" (BVerfG 6, 309, S. 363). Dabei ging es nicht nur um die Berücksichtigung der einschlägigen normativen Vorgaben der UN-Charta, sondern auch um die Ausrichtung der deutschen Rechtsentwicklung an dem sich weiterentwickelnden Völkerrecht, einschließlich des Völkergewohnheitsrechts (vgl. Haedrich 2011; zu den Anwendungsgrenzen des Völkerrechts im deutschen Recht siehe Talmon 2013, S. 13ff.).

Für die hier interessierende Thematik ist in diesem Zusammenhang das Verbot von Angriffskriegen (Art. 26, Abs. 1) von besonderer Bedeutung. Seine Aufnahme in das GG übersetzt die einschlägigen Bestimmungen des Kriegsächtungspaktes von 1928 und der UN-Charta (Art. 2, Abs. 4) in nationales Recht und leistet damit wiederum indirekt einen Beitrag zur Stabilisierung des einschlägigen Völkergewohnheitsrechts, in dem sich der Übergang des Völkerrechts vom Kriegs- zum Friedensrecht manifestiert (vgl. Bothe 2010). Darüber hinaus schreibt die Präambel des GG die Wahrung des Friedens als Rechtspflicht fest. Diese Rechtspflicht implizierte zunächst eine Abkehr vom nationalsozialistischen Denken; dann aber auch die aktive Teilnahme an der Friedensgestaltung jenseits des Rechts auf Selbstverteidigung. Diese Seite des Friedensgebotes als Staatszielbestimmung entwickelte nach dem Ende des Ost-West-Konflikts eine erhebliche völkerrechtspolitische Brisanz wie im Folgenden in der gebotenen Kürze ausgeführt werden soll.

6 Die Entwicklung nach dem Ende des Ost-West-Konflikts: Verrechtlichung der internationalen Politik und Konstitutionalisierung des Völkerrechts

Das friedliche Ende des Ost-West-Konflikts eröffnete neue Perspektiven für die Stärkung des Multilateralismus im Rahmen der Vereinten Nationen. Diese Perspektiven wurden vom UN-Generalsekretariat im Einvernehmen mit dem Sicherheitsrat in mehreren Agenden programmatisch ausformuliert. Dazu gehörte auch die „Agenda for Peace", die darauf gerichtet war, die Handlungsfähigkeit der UN im Umgang mit nicht-internationalen Konflikten zu stärken, die nach dem Wegfall der militärischen Konfrontation zwischen den Supermächten als Hauptform militärischer Auseinandersetzungen gesehen und von einigen Beobachtern des Weltgeschehens übereilt als „neue Kriege" klassifiziert wurden (vgl. Kaldor 1999; später Münkler 2002). An diesen Kriegen war wenig substantiell Neues, es handelte sich eher um alte Konflikte, die nach dem Wegfall der Ost-West-Konfrontation sichtbar wurden oder (insbesondere mit dem Zerfall des realsozialistischen Weltsystems) neu entstanden oder neu ausbrachen und, wie die meisten historischen Bürgerkriege, mit größter Grausamkeit geführt wurden. Diese innerstaatlichen Auseinandersetzungen wurden unter den veränderten weltpolitischen Bedingungen zum Gegenstand einer breiten öffentlichen Debatte darüber, wie sich die internationale Gemeinschaft zu ihnen verhalten sollte. Sie verlangte auch vom vereinigten Deutschland einen Beitrag, von dem man sich nicht mehr durch eine bis dahin zuweilen praktizierte „Scheckbuch-Diplomatie" freikaufen konnte. Wie dieser Beitrag aussehen sollte, war umstritten.

Die Streitfrage, die die größte öffentliche Aufmerksamkeit fand, war inwieweit sich Deutschland an bewaffneten Auslandseinsätzen außerhalb des Verteidigungsfalles beteiligen dürfe, solle oder müsse. Eine Beteiligung an solchen Einsätzen erschien vielen als Bruch mit dem bis dahin vorherrschenden Selbstbild der deutschen Nachkriegsgesellschaft als Nation, die ihre Lektion aus der eigenen Geschichte gelernt hatte. Aber aktiv zur Friedensgestaltung in der Welt beizutragen, wie es die Staatszielbestimmung verlangt, konnte (und kann) nur heißen, für eine angemessen institutionalisierte Weltordnung einzutreten, ohne dem tatsächlichen Konfliktgeschehen bis zur Erreichung dieses Ziels einfach nur zuzuschauen (vgl. Habermas 2000). Das Bundesverfassungsgericht (BVerfG) ging ziemlich weit in seinem Bemühen, die damit zusammenhängenden verfassungsrechtlichen Fragen zu klären. Es verwies in seinem viel diskutierten Urteil von 1994 darauf, dass Art. 24 Abs. 2 GG dem Bund die Möglichkeit einräume, sich zur Wahrung des Friedens in Europa und in der Welt einem System kollektiver Sicherheit anzuschließen, also über den Geltungsbereich der direkten Selbstverteidigung hinaus sich notfalls mit Waffengewalt zur Erhaltung oder Wiederherstellung des Friedens zu engagieren (BVerfGE 90, 286 [355]). Die Crux war, dass das BVerfG nicht nur die UN, sondern auch die Nato als kollektives Sicherheitssystem identifizierte und damit den grundlegenden Unterschied zwischen einem kollektiven Sicherheitssystem und einem Bündnis ignorierte.

Die Bedeutung dieses Unterschiedes kam im Kosovo-Krieg (1999) zum Ausdruck. Hier stellte sich die Frage, ob die Nato in Ersatzvornahme für die UNO handelte oder sich selbst eine Handlungskompetenz anmaßte, die die Autorität der UNO schwächte. Im deutschen Völkerrecht kursierte als Antwort auf diese Frage die Formel, der Kosovo-Krieg sei illegal, aber legitim gewesen (Simma 2000). Habermas bot die Möglichkeit an, den Krieg unter bestimmten Bedingungen als Vorgriff auf eine angemessen institutionalisierte Weltordnung zu begreifen (Habermas 2000). Es blieb aber in Fachkreisen wie in der Öffentlichkeit ein tiefes Unbehagen am Krieg gegen Serbien und an der deutschen Beteiligung an ihm – ein Unbehagen, dass auch im Bundestag artikuliert wurde und nur teilweise dadurch abgebaut wurde, dass die Organisation der Nachkriegsverhältnisse im Kosovo auf deutsches Drängen an den Sicherheitsrat zurück überwiesen wurde.

Das Unbehagen steigerte sich im Kontext des von den USA angeführten Krieges gegen den Terror, der nach dem Einmarsch in Afghanistan zu einem heftigen Austausch zwischen US-amerikanischen (akademischen) Befürwortern des Krieges und kontinentaleuropäischen (überwiegend deutschen) Kritikern führte (vgl. Beestermöller et al. 2006). Die Kontroverse bewegte sich inhaltlich zwischen der vornehmlich von US-amerikanischer Seite betriebenen Wiederbelebung der Lehre vom „gerechten Krieg" zur Legitimation unilateraler Gewaltanwendung (Elshtain 2002) und der von deutscher Seite betonten Notwendigkeit, den in der UN-Charta angelegten Multilateralismus zu stärken, wobei auch eine Kombination von beiden Positionen ins Spiel gebracht wurde. Nach dieser Vorstellung sollte die Lehre vom gerechten Krieg als Kriterienkatalog in die kollektive Friedenssicherung nach Kap.

VII UN-Charta zum Zuge kommen (Haspel 2017, S. 322). Die Friedensdenkschrift der EKD von 2007 lehnte hingegen eine Berufung auf die Lehre vom „gerechten Krieg" ausdrücklich ab und wies den mit dieser Lehre assoziierten Kriterien den Status einer allgemeinen Ethik der Gewaltanwendung (im Sinne „rechtserhaltender Gewalt") zu (EKD 2007).

Die unterschiedlichen Positionen trafen sich in einer relativ breiten Zustimmung zu der im Rahmen der UN formulierten Schutzverantwortung, soweit sie darauf ausgerichtet war, das friedenspolitische Dilemma humanitär begründeter Gewaltanwendung zugunsten einer Verfahrensweise zu entschärfen, bei der das militärische Eingreifen nur den letzten Schritt darstellen sollte. Vorrangig sind systematische Bemühungen um Prävention und nicht-militärische Hilfe für Regierungen, die ihrer Verantwortung zum Schutz der ihnen anvertrauten Menschen nicht nachkommen (vgl. Brock 2008). Es blieb aber letztlich dabei, dass von US-amerikanischer Seite eher der Einzelfall im Blick war, von deutscher Seite eher der Ausbau der kollektiven Friedenssicherung. Ein wenig plakativ ließe sich hier zwischen einer (US-amerikanischen) Auffassung unterscheiden, die das Völkerrecht vorrangig unter dem Gesichtspunkt einer Befähigung zum Handeln betrachtet, und einer ihr entgegenstehenden (deutschen) Auffassung, die eher die Eingrenzung des einzelstaatlichen Handelns durch das Völkerrecht im Blick hat. Diese zweite Perspektive setzte auf eine mit der Globalisierung voranschreitende Verrechtlichung der internationalen Beziehungen bis hin zur Konstitutionalisierung des Völkerrechts. Als Illustration dieser Entwicklung sei hier auf das Urteil des Oberverwaltungsgerichts Münster im März 2019 zur Klage von drei Jemeniten gegen den Einsatz von US-amerikanischen Kampfdrohnen im Jemenkrieg verwiesen. Das Gericht entschied, dass die Bundesregierung künftig dafür Sorge tragen müsse, dass Kampfdrohnen, die über die US-Airbase im rheinland-pfälzischen

Ramstein gesteuert werden, keine völkerrechtswidrigen Einsätze fliegen (Urt. v. 19.03.2019, Az. 4 A 1361/15).

7 Konstitutionalisierung des Völkerrechts – noch ein deutsches Idiom?

Die Verrechtlichung der internationalen Beziehungen hat eine empirische und eine normative Seite. Was die empirische Seite betrifft, so beobachten ihre Vertreter eine fortschreitende Ausdifferenzierung des Rechts als Regulativ staatenübergreifender Beziehungen, die – in Übereinstimmung mit dem von Mosler im Max-Planck-Institut lancierten Ansatz (s. o.) – zunächst als Herausbildung einer faktischen internationalen Rechtsordnung verstanden werden kann (vgl. Lange 2017, S. 552f.). Die normative Seite der Verrechtlichung der internationalen Beziehungen knüpft an das rechtspazifistische Konzept Kants an (vgl. Habermas 1996). Es wirft die Frage auf, inwieweit die Ausdifferenzierung der faktischen Rechtsordnung auch eine Annäherung an eine internationale Rechtsstaatlichkeit („International Rule of Law") mit sich bringt und damit einzelstaatlicher Willkür wirkungsvolle Grenzen setzt. Es geht hier also um die Normativität des internationalen Rechts. Dieser Aspekt steht im Mittelpunkt der Konstitutionalisierungsdebatte (vgl. Klabbers et al. 2011).

Armin von Bogdandy hat in einem Aufsatz darauf hingewiesen, dass es nicht angemessen wäre, in der Konstitutionalisierung des Völkerrechts eine spezifisch deutsche Idee erkennen zu wollen. Allerdings seien deutsche Völkerrechtler (und Vertreter der Internationalen Beziehung) besonders stark an der Idee interessiert (vgl. von Bogdandy 2006, S. 223f.). Er konstatiert für die Zeit nach dem Ende des Ost-West-Konflikts den Übergang von einer „gedämpften" Form des Konstitutionalismus, wie sie von Mosler vertreten wurde, zu einer normativ anspruchsvollen Version, etwa durch Christian Tomuschat (1999), „die für das Verständnis vieler Gelehrter in der deutschsprachigen Welt repräsentativ" sei. Im Zentrum stehen hier Kernelemente des internationalen Rechts (Frieden, Sicherheit, Gerechtigkeit, Menschenrechte, Rechtsstaatlichkeit), die (wie bei Kelsen) *alle* Formen politischer Macht ansprechen und *begrenzen*. In der Gestalt von Rechtsnormen bilden sie *ius cogens* und gelten *erga omnes*.

In welche Richtung die Entwicklung geht und welche konkrete internationale Ordnung solche Normen zur Geltung bringen kann, ohne demokratische Ansprüche an die Legitimation von Politik zu gefährden (vgl. Maus 2015), darüber gehen die Meinungen weit auseinander. Das gilt sowohl für die Einschätzung der faktischen Konstitutionalisierung (vgl. Klabbers et al. 2011) als auch für ihre Chancen als normatives Projekt (vgl. zur Kritik Fischer-Lescano und Teubner 2006). Mit Blick auf die gegenwärtige Entwicklung scheint die Frage, ob die Herausbildung von Rechtsstaatlichkeit auf staatenübergreifender Ebene sich in einer Phase des „rise or decline" befindet (vgl. Krieger und Nolte 2016) im Sinne des „decline" beantwortet zu werden. Zwar könnte die Kritik, dass es sich bei der Konstitutionalisierung um ein hegemoniales Projekt der liberalen Demokratien handele (vgl. Krisch 2010), angesichts der Fragmentierung des „Westens" an politischer Bedeutung verlieren. Das würde dann aber möglicherweise auch heißen, dass die ganze Konstitutionalisierungsidee als solche an Bedeutung verliert. Bogdandy kommt zu dem Ergebnis, dass es keinen Grund dafür gibt, ein wissenschaftliches Projekt aufzugeben, nur weil es politisch als unattraktiv erscheint (vgl. von Bogdandy 2006, S. 241). Dem ist zuzustimmen. Es macht einen Unterschied, ob internationale Ordnungsvorstellungen an Schmitt und seine Idee einer globalen Großraumordnung anknüpfen oder an Kants Projekt einer globalen Friedensordnung. Im Lichte der grundlegenden Grenzen aller Bemühungen, dem Frieden durch Verrechtlichung auf die Sprünge zu helfen, erscheint es allerdings umso sinnvoller und dringlicher, das Konstitutionalisierungsprojekt mit dem Auf- und Ausbau ziviler Konfliktbearbeitung zu verbinden.

Das ist in Deutschland unter Mitwirkung der Zivilgesellschaft in beachtlichem Maße gelungen – zumindest was die Schaffung einschlägiger institutioneller Kapazitäten und die Einbeziehung der zivilen Konfliktbearbeitung und Krisenprävention in die „Hohe Politik" anbelangt. Aber auch die zivile Konfliktbearbeitung ist kein Selbstläufer. Und dort, wo es um die Verbindung zwischen der zivilen Konfliktbearbeitung und der internationalen Rechtsordnung als normativem Projekt geht, sträubt sich die Bundesregierung hartnäckig, rechtsverbindliche Regeln für den Beitrag der Wirtschaft zur materiellen Friedenssicherung und zum Schutz der Menschenrechte zu akzeptieren. Daran hat die Verabschiedung des Aktionsplanes der Bundesregierung für zivile Krisenprävention, Konfliktlösung und Friedenskonsolidierung im Jahr 2004 (vgl. Debiel 2004, S. 259) offensichtlich nichts geändert. In den 2017 verabschiedeten außenpolitischen Leitlinien der Bundesregierung zum Thema „Krisen verhindern, Konflikte bewältigen, Frieden födern" (die den Aktionsplan von 2004 ablösen), werden die Wechselwirkungen mit anderen Politikfeldern (Weltwirtschaft, Klimawandel) zwar angesprochen. Hier wie auch bei der Evaluierung von Auslandseinsätzen der Bundeswehr dominiert aber das bisherige Ressortdenken, das einer systematischen Reflexion der deutschen Rolle bei der Entwicklung von Krisen im Wege steht (Finck-Krämer 2017).

8 Fazit: Reflexiver Umgang mit einer in sich spannungsreichen Rechtstradition

Gibt es also, wie einleitend gefragt, eine deutsche Tradition im Völkerrecht? Die Frage ist mit aller Vorsicht zu beantworten; denn, wie wir zu zeigen versucht haben, kann man im deutschen Sprachraum eher die Herausbildung eines mehrsprachigen Völkerrechtsdenkens beobachten. Das ist auch in anderen Länder so, die Verständigungsschwierigkeiten zwischen den Sprechtraditionen scheinen in der deutschen Tradition aber besonders groß, weil es in der Auseinandersetzung mit der sich wandelnden deutschen Position in der internationalen Politik immer wieder zu einer Polarisierung des Rechtsdenkens zwischen Kantianern und Clausewitzianern beziehungsweise Schmittianern gekommen ist. In dieser Polarisierung schlägt sich möglicherweise die historische Hypothek des Heiligen Römischen Reiches Deutscher Nation (mit dem besonders ausgeprägten Spannungsverhältnis zwischen Souveränität und internationaler Rechtsordnung) nieder. Im späten 19. Jahrhundert haben sich die Clausewitzianer im Wechselspiel mit der politischen Praxis durchgesetzt, nach dem Zweiten Weltkrieg und vor allem nach dem Ende des Ost-West-Konflikts verschob sich das Denken zugunsten von Ansätzen, die an Kant anknüpften. So hat der Diskurs über die Konstitutionalisierung des Völkerrechts, der durch einen starken philosophischen Kosmopolitanismus sekundiert wurde, in Deutschland ein besonders ausgeprägtes Echo gefunden. Das hat viel mit der Verarbeitung der deutschen Geschichte zu tun und der Notwendigkeit, die deutsche Politik nach dem Ende des Ost-West-Konflikts in der radikal veränderten weltpolitischen Situation neu zu verorten. Mit den sich heute vollziehenden globalen Machtverschiebungen auf der einen Seite, dem zunehmenden innerwestlichen Populismus und Nationalismus auf der anderen, ist das Vertrauen in die friedensstiftende Funktion einer fortschreitenden Verrechtlichung der internationalen Beziehungen erneut starken Belastungen ausgesetzt.

Kritische Positionen aus demokratietheoretisch oder systemtheoretisch informierter Sicht stellen nicht das normative Anliegen der *Konstitutionalisten* in Frage, sondern kritisieren deren schwachen Begriff von Volkssouveränität (vgl. Maus 2015) oder die Vorstellung einer zunehmenden Einheit des Rechts unter einer Weltverfassung (vgl. Fischer-Lescano und Teubner 2006). Anders verhält es sich mit *realistischen* Einwänden, die den Anhängern der Idee eines Friedens durch Recht vorwerfen, sich Wunschträumen hinzugeben, die nur im Schatten der US-amerikanischen Hegemonie gedeihen konnten (vgl. Herdegen 2018). Thilo Marauhn und Judith Thorn (2017) plädieren demgegenüber für eine Anpassung der Erwartungen an das Mögliche, aber ohne Abkehr von dem Projekt einer „international rule of law". In diesem Stand der Debatte manifestiert sich auch eine gewisse Unsicherheit über die Position Deutschlands in einer internationalen Konstellation, die durch Umbrüche ohne Aufbrüche in eine friedensdienliche Richtung gekennzeichnet ist. Sie verlangt eine Neubestimmung der deutschen Verantwortung als großes europäisches Land, das mit seiner in sich spannungsreichen Rechtstradition reflektiert umgeht, also die Ambivalenz des Rechts als unverfügbarer Schranke der Willkür *und* als essentiellen Teil von Machtbeziehungen anerkennt, statt das Recht auf den einen oder anderen Aspekt zu reduzieren (Brock und Simon 2018).

Literatur

Beestermöller, Gerhard, Michael Haspel und Uwe Trittmann (Hrsg.). 2006. „What we're fighting for" – Friedensethik in der transatlantischen Debatte. Stuttgart: Kohlhammer.
Benjamin, Walter. 1965 [1920/21]. Zur Kritik der Gewalt. In Walter Benjamin. Zur Kritik der Gewalt und andere Aufsätze, 29–65. Frankfurt a. M.: Suhrkamp.
Bernstorff von, Jochen. 2018. The Use of Force in International Law before World War I: On Imperial Ordering and the Ontology of the Nation-State. European Journal of International Law 29 (1): 233–260. https://doi.org/10.1093/ejil/chy010. Zugegriffen: 04. August 2019.
Bianchi, Andrea. 2016. International Law Theories: An Inquiry into Different Ways of Thinking. Oxford: Oxford University Press.
Bluntschli, Johannn Caspar. 1868. Das moderne Völkerrecht der civilisierten Staaten als Rechtsbuch dargestellt. Nördlingen: C.H. Beck.
Bodin, Jean. 2005 [1576]. Über den Staat. Stuttgart: Reclam.
Bogdandy von, Armin. 2006. Constitutionalism in International Law: Comment on a Proposal from Germany. Harvard International Law Journal 47 (1): 223–242.
Bothe, Michael. 2010. An den Grenzen der Steuerungsfähigkeit des Rechts: Kann und soll es militärischer Gewalt Schranken setzen? In Frieden durch Recht?, hrsg. von Peter Becker, Reiner Braun und Dieter Deiseroth, 63–70. Berlin: BWV.
Brock, Lothar. 2008. Von der „humanitären Intervention" zur „Responsibility to Protect". In Frieden in Freiheit. Festschrift für Michael Bothe zum 70. Geburtstag, hrsg. von Andreas Fischer-Lescano, Hans-Peter Gasser, Thilo Marauhn und Natalino Ronzitti, 19–32. Baden-Baden: Nomos.
Brock, Lothar. 2010. Frieden durch Recht. Anmerkungen zum Thema im historischen Kontext. In Frieden durch Recht?, hrsg. von Peter Becker, Reiner Braun und Dieter Deiseroth, 15–34. Berlin: BWV.
Brock, Lothar und Hendrik Simon. 2018. Die Selbstbehauptung und Selbstgefährdung des Friedens als Herrschaft des Rechts. Eine endlose Karussellfahrt? Politische Vierteljahresschrift 59 (2): 269–291. https://doi.org/10.1007/s11615-018-0066-z. Zugegriffen: 04. August 2019.
Brock, Lothar und Hendrik Simon (Hrsg.). 2020. The Justification of War and International Order. From Past to Present. Oxford: Oxford University Press, i. V.

Brunkhorst, Hauke und Rüdiger Voigt (Hrsg.). 2008. *Rechts-Staat. Staat, internationale Gemeinschaft und Völkerrecht bei Hans Kelsen*. Baden-Baden: Nomos.
Bull, Hedley. 1977. *The Anarchical Society. A Study of Order in World Politics*. London: Basingstoke.
Carty, Anthony. 2008. The Evolution of International Legal Scholarship in Germany during the Kaiserreich and the Weimarer Republik (1871–1933). *German Yearbook of International Law 2007* 50: 29–90.
Debiel, Tobias. 2004. Wie weiter mit effektiver Krisenprävention? *Die Friedens-Warte* 79: 3–4, 253–298.
Duchhardt, Heinz. 1999. „Westphalian System". Zur Problematik einer Denkfigur. *Historische Zeitschrift* 269 (2): 305–315.
Duchhardt, Heinz. 2018. Ein doppeltes „Westphalian System"? Der Westfälische Friede, das Reich und Europa. *Aus Politik und Zeitgeschichte* 30–31: 34–40.
Elshtain, Jean Bethke. 2002. How to Fight a Just War. In *Worlds in Collision: Terror and the Future of Global Order*, hrsg. von Ken Booth und Tim Dunne, 263–269. Basingstoke: Palgrave Macmillan.
EKD. 2007. *Aus Gottes Frieden leben – für gerechten Frieden sorgen. Eine Denkschrift des Rates der Evangelischen Kirche in Deutschland*. Gütersloh: Gütersloher Verlagshaus.
Fassbender, Bardo. 2002. Stories of War and Peace on Writing the History of International Law in the 'Third Reich' and After. *European Journal of International Law* 13 (2): 479–512.
Fassbender, Bardo. 2008. Friede durch Recht. Hans Kelsen und die Vereinten Nationen. In *Rechts-Staat. Staat, internationale Gemeinschaft und Völkerrecht bei Hans Kelsen*, hrsg. von Hauke Brunkhorst und Rüdiger Voigt. 126–147. Baden-Baden: Nomos.
Fassbender, Bardo. 2012. Denkschulen im Völkerrecht. *Paradigmen im internationale Recht, Berichte DGVR* 45: 1–25.
Finck-Krämer, Ute. 2017. Zu den neuen außenpolitischen Leitlinien der Bundesregierung. In *Vorgänge* 2. 85–90.
Fischer-Lescano, Andreas und Gunther Teubner. 2006. *Regime-Kollisionen. Zur Fragmentierung des globalen Rechts*. Frankfurt a. M.: Suhrkamp.
Foucault, Michel. 1973. *Archäologie des Wissens*. Frankfurt a. M.: Suhrkamp.
Foucault, Michel. 2009. *In Verteidigung der Gesellschaft: Vorlesung am Collège de France (1975-76)*. Frankfurt a. M.: Suhrkamp.

Gentili, Alberico. 1589. *De Jure Belli Commentationes Tres*. London: John Wolfe.
Habermas, Jürgen. 1996. Kants Idee des ewigen Friedens – aus dem historischen Abstand von 200 Jahren. In *Frieden durch Recht*, hrsg. von Matthias Lutz-Bachmann und James Bohman, 7–24. Frankfurt a. M.: suhrkamp taschenbuch wissenschaft.
Habermas, Jürgen. 2000. Bestialität und Humanität. Ein Krieg an der Grenze zwischen Recht und Moral. In *Der Kosovo-Krieg und das Völkerrecht*, hrsg. von Reinhard Merkel, 51–65. Frankfurt a. M.: Suhrkamp.
Haedrich, Martina. 2011. Friedensgebot und Grundgesetz. In *Handbuch Frieden*, hrsg. von Hans J. Gießmann und Bernhard Rinke, 336–346. Wiesbaden: Springer VS.
Haspel, Michael. 2017. Die Renaissance der Lehre vom gerechten Krieg in der anglo-amerikanischen Debatte. In *Handbuch Friedensethik*, hrsg. von Ines-Jacqueline Werkner und Klaus Ebeling, 315–326. Wiesbaden: Springer VS.
Hegel, Georg Wilhelm Friedrich. 1979 [1820]. Grundlinien der Philosophie des Rechts. In Hegel, Georg Wilhelm Friedrich. *Werke, Band 7*, 497–503. Frankfurt a. M.: Suhrkamp.
Herdegen, Matthias. 2018. *Der Kampf um die Weltordnung. Eine strategische Betrachtung*. München: C.H. Beck.
Hoss, Cristina. 2008. Kelsen in Den Haag. Die Haager Vorlesungen von Hans Kelsen. In *Rechts-Staat. Staat, internationale Gemeinschaft und Völkerrecht bei Hans Kelsen*, hrsg. von Hauke Brunkhorst und Rüdiger Voigt, 149–166. Baden-Baden: Nomos.
Hull, Isabel V. 2005. *Absolute Destruction: Military Culture and the Practices of War in Imperial Germany*. Ithaca, NY: Cornell University Press.
Jütersonke, Oliver. 2010. *Morgenthau, Law and Realism*. Cambridge: Cambridge University Press.
Kaldor, Mary. 1999. *New and Old Wars. Organized Violence in a Global Era*. Cambridge: Polity Press.
Kant, Immanuel. 2011 [1795]. Zum ewigen Frieden. In *Immanuel Kant. Zum ewigen Frieden*, hrsg. von Oliver Eberl und Peter Niesen, 9–66. Frankfurt a. M.: Suhrkamp.
Kelsen, Hans. 1944. *Peace through Law*. Chapel Hill, NC: The University of North Carolina Press.
Klabbers, Jan, Anne Peters und Geir Ulfstein. 2011. *The Constitutionalization of International Law*. Oxford: Oxford University Press.

Koselleck, Reinhart. 2000. *Zeitschichten. Studien zur Historik*. Frankfurt a. M.: Suhrkamp.
Koskenniemi, Martti. 2006. Georg Friedrich Von Martens (1756–1821) and the Origins of Modern International Law. *IILJ Working Paper* 2006 (1).
Koskenniemi, Martti. 2009. Miserable Comforters: International Relations as New Natural Law. *European Journal of International Relations* 15 (3): 395–422.
Koskenniemi, Martti. 2011. Between Coordination and Constitution: International Law as a German Discipline, Redescriptions: *Yearbook of Political Thought, Conceptual History and Feminist Theory* 15: 45–70.
Krieger, Heike und Georg Nolte. 2016. The International Rule of Law – Rise or Decline? *KFG Working Paper Series* (1). Berlin: Potsdam Research Group.
Krisch, Nico. 2010. *Beyond Constitutionalism. The Pluralist Structure of Postnational Law*. Oxford: Oxford University Press.
Lange, Felix. 2014. Carl Bilfingers Entnazifizierung und die Entscheidung für Heidelberg. Die Gründungsgeschichte des völkerrechtlichen Max-Planck-Instituts nach dem Zweiten Weltkrieg. *Zeitschrift für ausländisches öffentliches Recht und Völkerrecht* 74: 697–731.
Lange, Felix. 2017. Between Systematization and Expertise for Foreign Policy: The Practice-Oriented Approach in Germany's International Legal Scholarship (1920–1980). *European Journal of International Law* 28 (2): 535–558.
Liszt von, Franz. 1898. *Das Völkerrecht*. Berlin: Haering.
Lueder, Karl. 1889. Krieg und Kriegsrecht im Allgemeinen. In *Handbuch des Völkerrechts*, Bd. 4, hrsg. von Franz von Holtzendorff. Hamburg: C. Habel.
Martens von, Georg Friedrich. 1796. *Einleitung in das positive Europäische Völkerrecht auf Verträge und Herkommen gegründet*. Göttingen: Dieterich.
Marauhn, Thilo und Judith Thorn. 2017. Friedenssicherungsrecht und humanitäres Völkerrecht unter Druck. In *Friedensgutachten 2017*, hrsg. von Margret Johannsen, Bruno Schoch, Max Mutschler, Corinna Hauswedell und Jochen Hippler, 56–68. Münster: LIT Verlag.
Maus, Ingeborg. 2015. *Menschenrechte, Demokratie und Frieden*. Berlin: suhrkamp taschenbuch wissenschaft.
Menke, Christoph. 2012. *Recht und Gewalt*. 2. Aufl. Berlin: August.
Münkler, Herfried. 2002. *Die neuen Kriege*. Reinbek: Rowohlt.

Osiander, Andreas. 2001. Sovereignty, International Relations, and the Westphalian Myth. *International Organization* 55 (2): 251–287.

Payk, Marcus M. 2018. *Frieden durch Recht? Der Aufstieg des modernen Völkerrechts und der Friedensschluss nach dem Ersten Weltkrieg.* München: Walter de Gruyter Verlag.

Schmitt, Carl. 1950. *Der Nomos der Erde im Völkerrecht des Jus Publicum Europaeum.* Berlin: Duncker & Humblot.

Schmitt, Carl. 1993 [1922]. *Politische Theologie, Vier Kapitel zur Lehre von der Souveränität.* 6. Aufl. Berlin: Duncker & Humblot.

Simma, Bruno. 2000. Die NATO, die UN und militärische Gewaltanwendung: Rechtliche Aspekte. In *Der Kosovo-Krieg und das Völkerrecht,* hrsg. von Reinhard Merkel, 9–50. Frankfurt a. M.: Suhrkamp.

Simon, Hendrik. 2018. The Myth of Liberum Ius ad Bellum. Justifying War in 19th-Century Legal Theory and Political Practice. *European Journal of International Law* 29 (1): 113–136. https://doi.org/10.1093/ejil/chy009. Zugegriffen: 04. August 2019.

Simon, Hendrik. 2020. *In the Shadow of War and Order. The Politics of Legal Knowledge and the Justification of Force,* i. V.

Spinoza de, Baruch. 1677. *Tractatus politicus.* Amsterdam: Rieuwertsz' Verlagsbuchhandlung.

Steiger, Heinhard. 2011. Zwischen-Mächte-Recht im Frühmittelalter. *Zeitschrift für Historische Forschung,* Beiheft 45: 47–74.

Stolleis, Michael. 2014. Öffentliches Recht in Deutschland: Eine Einführung in seine Geschichte. München: C.H. Beck.

Talmon, Stefan. 2013. Die Grenzen der Anwendung des Völkerrechts im deutschen Recht. *Juristenzeitung* 68: 12–21.

Tischer, Anuschka. 2012. *Offizielle Kriegsbegründungen in der Frühen Neuzeit. Herrscherkommunikation in Europa zwischen Souveränität und korporativem Selbstverständnis.* Berlin: LIT.

Tischer, Anuschka. 2018. Dynamik durch Gewalt? Der Dreißigjährige Krieg und die Wandlungsprozesse der Frühen Neuzeit im Rahmen einer allgemeinen Kriegsgeschichte. In *Dynamik durch Gewalt? Der Dreißigjährige Krieg (1618–1648) als Faktor der Wandlungsprozesse des 17. Jahrhundert,* hrsg. von Michael Rohrschneider und Anuschka Tischer, 13–40. Münster: Aschendorff.

Tomuschat, Christian. 1999. International Law. Ensuring the Survival of Mankind on the Eve of a New Century. *Recueil des Cours* 1999: 281.

Ullmann, Emanuel. 1898. Völkerrecht. In *Handbuch des Oeffentlichen Rechts,* hrsg. von Emanuel Ullmann. 2. Aufl. Freiburg i.Br.: Mohr.

Vec, Miloš. 2016. Inside/Outside(s): Conceptualizations, Criteria, and Functions of a Dichotomy in Nineteenth-Century International Legal Doctrine. In *The Transformation of Foreign Policy: Drawing and Managing Boundaries from Antiquity to the Present*, hrsg. von Andreas Fahrmeir, Gunther Hellmann und Miloš Vec, 51–74. Oxford: Oxford University Press.

Westphal, Siegrid. 2015. *Der Westfälische Frieden.* München: C.H. Beck.

Frieden durch Recht im Lichte unterschiedlicher Rechtstraditionen
Die angelsächsische Perspektive

Paulina Starski

1 Einleitung

Die angelsächsische Perspektive auf die Topoi „Frieden durch Recht" und „rechtserhaltende Gewalt" ist facettenreich und weist unterschiedliche Dimensionen auf. Relevante Diskurse betreffen zum einen das innerstaatliche Recht (2.), zum anderen fokussieren sie sich auf das Völkerrecht (3.). Letzterem soll hier das Hauptaugenmerk geschenkt werden. Wenn von der „angelsächsischen" Perspektive gesprochen wird, so gilt es mehrere *Caveats* anzubringen: Zunächst umfasst der angelsächsische Rechtskreis verschiedene Staaten, deren Rechtssysteme Eigenrationalitäten entfaltet haben. Primär wird sich dieser Beitrag US-amerikanischen sowie britischen Diskursen zuwenden. Des Weiteren ist zu betonen, dass sich innerhalb einzelner angelsächsischer Teilrechtsordnungen eine Vielzahl von Akteuren identifizieren lassen, deren Perzeption von „rechtserhaltender Gewalt" und „Frieden durch Recht" divergiert. Standpunkte zu Grund und Grenzen, Legalität und Legitimität rechtserhaltender Gewalt wandeln sich mitunter mit der jeweiligen Regierung, die im Amt ist und den ihrerseits verfolgten außenpo-

© Springer Fachmedien Wiesbaden GmbH, ein Teil von Springer Nature 2020
S. Jäger und W. S. Heinz (Hrsg.), *Frieden durch Recht – Rechtstraditionen und Verortungen*, Gerechter Frieden, https://doi.org/10.1007/978-3-658-28715-3_4

litischen Strategien (sichtbar wird dies insbesondere im Falle der USA). *Die* angelsächsische Perspektive, die es hier zu beleuchten gilt, ist mithin nicht uniform, auch wenn sich einige Regularitäten und Grundstrukturen identifizieren lassen, die abschließend zusammenfassend dargestellt werden (4.).

2 „Frieden durch Recht" und „rechtserhaltende Gewalt": Die „innere" Dimension

Auf die Innenansicht des Staates blickend lässt sich feststellen, dass die Trias von Staat, Gewalt und Recht im Kernfokus angelsächsischer Staatsrechtslehre steht. Der Staat, dessen Entstehung vertraglich konzipiert wird (Hobbes 1651; Locke 1690 [1689]) – als Idee des „social compact" beziehungsweise „government by consent" (Edling 2018, S. 267ff.) –, wird als Instrument zur Etablierung einer Friedensordnung wahrgenommen. Ihn charakterisiert die Monopolisierung von Gewalt und die Ausübung von Hoheit über diese. Nun ist der Staat nicht ungebunden: Staatliche Gewalt wird eingedämmt durch die „rule of law", mithin durch eine „Herrschaft des Rechts" („men must be governed by law and not by men") – ein fundamentales Narrativ angloamerikanischer Staats- und Verfassungstheorie. Dabei ist in der traditionellen Konzeption der „rule of law" Recht im Sinne vorpositiver Rechtsgrundsätze zu verstehen, die die unveräußerlichen Rechte der Menschen schützen. Formale und verfahrensrechtliche Anforderungen an das positive Recht erlauben es, die Diskrepanz zwischen letzterem und Postulaten der „Gerechtigkeit" sowie „Moral" zu überbrücken (vgl. Fuller 1964). Dabei herrscht Streit, inwiefern die „rule of law" neben rein formalen und prozeduralen Anforderungen auch materielle Gebote umfasst. In dem Sinne wird zwischen einem „thin" und einem „thick concept" der „rule of law" differenziert (zu dieser Diskussion vgl. Raz 1979, S. 210ff. einerseits und Bingham 2010 andererseits). Der Wert, der auch hinter einem rein formalen Verständnis der „rule of law" steht, ist die größtmögliche Verwirklichung individueller Freiheiten („liberty"), mithin letztendlich die Würde des Menschen (vgl. Fuller 1964, S. 162). Uneinigkeit besteht darüber, inwiefern und falls ja, in welcher Form, die „rule of law" auch Anwendung auf völkerrechtlicher Ebene findet beziehungsweise ob und inwiefern sie Anwendung finden sollte (Chesterman 2008, S. 331ff.). Umstritten ist auch, und welche Implikationen mit diesem Prinzip womöglich im Kontext des zwischenstaatlichen Gewaltverbots einhergehen. Sich allein auf die angloamerikanische Perspektive fokussierend muss der Befund diesbezüglich ambivalent ausfallen: Einerseits spiegelt sich die Differenzierung zwischen positivem und vorpositivem Recht, mithin zwischen Recht und Gerechtigkeit, die den Kern des herrschenden Konzeptes der „rule of law" bildet, im Rahmen etwaiger Diskurse innerhalb des angloamerikanischen Rechtskreises zur Frage eines „Friedens durch Recht" im internationalen Kontext wider. Andererseits basieren zahlreiche relevante Argumentationslinien zu rechtserhaltender Gewalt auf der Idee der (Nicht-)Verrechtlichung beziehungsweise „elastischen" Reglementierung der Gewaltanwendung. Tendenzen, die Entscheidung zum Einsatz rechtserhaltender Gewalt nach außen auf innerstaatlicher Ebene weitgehend in einer dem judikativen Zugriff entzogenen Sphäre zu belassen, betreffen sowohl die Phase im Vorfeld der Entscheidung zur Gewaltanwendung (*ex ante*) (2.1) als auch im Nachgang hierzu (2.2). In beiden Phasen ist die Zuordnung des Einsatzes rechtserhaltender Gewalt zum exekutiven Kernbereich das entscheidende Moment, das unmittelbarer demokratischer Legitimierung und Kontrolle Raum nimmt und sich einem judikativen Zugriff in den Weg stellt.

2.1 „Frieden durch Recht" ex ante

Der Einsatz von Truppen innerhalb gewaltsamer Auseinandersetzungen im Ausland und deren Entsendung sind nur eingeschränkt „demokratisiert", wobei hier in den einzelnen Ländern des angloamerikanischen Rechtskreises Unterschiede festzustellen sind. Im Vereinigten Königreich besteht trotz der Idee der „parliamentary sovereignty" kein Erfordernis einer konstitutiven Parlamentsbeteiligung an militärischen Entsendeentscheidungen, was auch unter der „royal prerogative"-Doktrin firmiert. Dennoch hat die Regierung mitunter auf politischen Druck reagierend das Parlament um die Gutheißung von militärischen Operationen – grundsätzlich an der „royal prerogative" festhaltend – ersucht. Dies war beispielsweise bei der britischen Beteiligung am Irak-Krieg im Jahre 2003 der Fall. Die seitens der Regierung angeführte Begründung für den Einmarsch im Irak (Existenz von Massenvernichtungswaffen, Saddam Hussein als unmittelbare Bedrohung für das Vereinigte Königreich), das Verfahren der Regierung zur Feststellung der behaupteten Völkerrechtskonformität des Einsatzes sowie dessen militärische Vorbereitung und Planung wurden darüber hinaus Gegenstand einer von Gordon Brown 2009 eingesetzten Untersuchungskommission, deren Ergebnisse im Chilcot-Bericht im Jahre 2016 veröffentlicht wurden (Report of the Iraq Inquiry 2016). *Ex post* verschaffte dieser Bericht Transparenz, welche im Vorfeld der Entsendung (auch im Rahmen der ursprünglichen parlamentarischen Beratung) nicht gegeben war, und zeichnete die Defizite in der Entscheidungsfindung und dem Rechtfertigungsnarrativ der Regierung Tony Blair nach. Geprägt von den Debatten rund um den Irak-Einsatz erkannte die Regierung 2011 einen parlamentarischen Brauch („convention") dahingehend an, dass das House of Commons im Vorfeld einer Entsendeentscheidung die Möglichkeit erhalten müsse, diese zu debattieren (The Cabinet Manual October

2011, Rn. 5.38), es sei denn, es läge eine Notstandskonstellation („emergency") vor. Die Regierungsentscheidung zum militärischen Eingreifen in Reaktion auf die Chemiewaffenangriffe seitens des Assad-Regimes im April 2018 erfolgte jedoch ohne eine parlamentarische Konsultation. Dies hat die Debatte um eine Verrechtlichung des angenommenen parlamentarischen Brauchs und ein mögliches konstitutives parlamentarisches Zustimmungserfordernis wiederbelebt (siehe nur Mills 2018).

Obwohl Art. I, Section 8, Clause 11 der US-Verfassung dem Kongress die Kompetenz zuspricht, Krieg zu erklären, wird im verfassungsrechtlichen Diskurs oftmals unter Verweis auf Art. II Section 2 der US-Verfassung versucht zu begründen, militärische Entsendeentscheidungen fielen exklusiv in den Kompetenzbereich des Präsidenten (siehe nur Eberl und Fischer-Lescano 2005, S. 19ff.). So werden Zweifel an der Verbindlichkeit der im Nachgang zum Vietnam-Krieg erlassenen War Powers Resolution vom 7. November 1973 (50 U.S.C. 1541–1548) gehegt. Zum einen verpflichtet diese den Präsidenten, den Kongress bei der Entscheidung zum Einsatz US-amerikanischen Militärs im Rahmen von Feindseligkeiten („hostilities") umfassend zu informieren und zu konsultieren. Zum anderen verlangt deren Section 155 lit. b, dass die präsidial angeordnete Entsendung von Truppen *inter alia* dann zu revidieren ist, wenn keine Kriegserklärung oder Autorisierung seitens des Kongresses innerhalb einer bestimmten Frist erfolgt. Kein Präsident ist bis *dato* von der Verfassungsmäßigkeit der War Powers Resolution ausgegangen (vgl. Howe 2019, S. 1231, 1255), obwohl sich regelmäßig den darin auferlegten informatorischen Pflichten gebeugt und auch um eine Autorisierung seitens des Kongresses bemüht wird. Gemeinhin wird mit Vorratsbeschlüssen seitens des Kongresses operiert (Weed 2017, S. 57ff.), die Entsendeentscheidungen demokratische Legitimität verleihen sollen. So stellt Section

2 lit. a der Authorization for the Use of Military Force vom 14. September 2001 (AUMF 2001) fest, der Präsident sei autorisiert

> "to use all necessary and appropriate force against those nations, organizations, or persons he determines planned, authorized, committed, or aided the terrorist attacks that occurred on September 11, 2001, or harbored such organizations or persons, in order to prevent any future acts of international terrorism against the United States by such nations, organizations or persons."

Die AUMF 2001 wurde seitens der Obama-Administration zusammen mit der AUMF 2002, welche die Gewaltanwendung gegen den Irak autorisierte, als Grundlage für die Militärschläge der USA gegen Daesh auf syrischem Territorium seit 2014 angeführt, genannt Operation Inherent Resolve (siehe nur Weed 2017, S. 48).

2.2 „Frieden durch Recht" ex post

Traditionell sind Entscheidungen zur Entsendung von Truppen und zur Anwendung von Gewalt im internationalen Kontext im angloamerikanischen Rechtskreis nicht justiziabel. Konzepte, die in diesem Kontext zur Anwendung kommen, sind die „political question"-Doktrin (siehe Baker v. Carr 1962), das Konzept des „judicial self-restraint" sowie die bereits erwähnte „royal prerogative" (R v. Ministry of Defence ex p Smith 1995). Nach allgemeinem britischen Verständnis sind Gerichte „not charged with policing the United Kingdom's conduct on the international plane" (Campaign for Nuclear Disarmament v. The Prime Minister of the United Kingdom and others 2002). Ähnliches gilt auch für die US-amerikanische Rechtsordnung: Die Verfassungskonformität der Militäroperationen gegen Daesh im Zuge der Operation Inherent Resolve (insbesondere die hinreichende Autorisierung seitens des

Kongresses) war jüngst Gegenstand eines vor dem Bezirksgericht für den District of Columbia angestrengten Verfahrens (Smith v. Obama; Smith v. Trump). Das Bezirksgericht wies die Klage aufgrund fehlender Klagebefugnis („standing") unter Verweis auf die „political question"-Doktrin ab. Auch das Berufungsgericht wich im Ergebnis von der abweisenden Entscheidung der Vorinstanz nicht ab (Smith v. Obama 2016, Smith v. Trump 2018).

Diese Tendenz der „Nichtverrechtlichung" und „Nichtjuridifizierung" setzt sich bei der Beurteilung der Legalität einzelner im Rahmen bewaffneter Konflikte erfolgter Handlungen und der Ahndung von Völkerrechtsverstößen vor innerstaatlichen Gerichten (zum Beispiel Entschädigungsklagen verletzter Individuen) fort. Der amerikanische Federal Tort Claims Act (28 U.S.C. § 2674 ff.) sieht Haftungsausnahmen bei Kampfhandlungen im Ausland vor („combat exception"), im Vereinigten Königreich wird mit dem Konstrukt der „combat immunity" operiert (siehe hierzu Starski und Beinlich 2018, S. 299, 317ff.). Zwar ebnet der Alien Torts Statute (28 U.S.C. § 1350) Klagen ausländischer Staatsangehöriger, so denn völkerrechtswidriges Handeln in Frage steht, den Weg vor die US-amerikanischen Gerichte (Stephens et al 2008, S. 32ff.), letztere wenden diesen jedoch nur zurückhaltend an (Sosa v. Alvarez 2004; Filártiga v. Peña-Irala). Zudem wird auch hier die „political question"-Doktrin virulent (Marbury v. Madison 1803): Kampfhandlungen werden zur Sphäre politischer Entscheidungen gezählt, die der richterlichen Beurteilung entzogen sind. So wurde im Fall Jaber v. United States (2017) entschieden, dass Ansprüche im Zusammenhang mit der Tötung von Individuen durch Drohnen-Luftschläge im Jemen nicht justiziabel sind. Und dennoch erweist sich im britischen Kontext das Beschreiten des Gerichtswegs durch Geschädigte unter Berufung auf Verbürgungen der Europäischen Menschenrechtskonvention in zunehmendem Maße als bedeutungsvolles Mittel zur Verstärkung staatlicher

„accountablility" (vgl. nur im Kontext der Besatzung des Irak Ferstman et al. 2018, S. 18).

Mithin bleibt an dieser Stelle festzuhalten: Im Vereinigten Königreich ist die Entscheidung zur Gewaltanwendung bei der Exekutive monopolisiert, in den USA existieren jedenfalls Monopolisierungstendenzen. Die Verfassungskonformität der Anwendung von Gewalt im internationalen Kontext ist dem gerichtlichen Zugriff in beiden Fällen weitgehend entzogen.

3 „Frieden durch Recht" und rechtserhaltende Gewalt: Die „äußere" Dimension

Die angelsächsische Perspektive auf das völkerrechtliche Regime zum zwischenstaatlichen Gewaltverbot (*ius ad bellum* beziehungsweise *ius contra bellum*) ist geprägt von konfligierenden Polen. Entscheidende Spannungsfelder, die betreffende Diskurse determinieren, sind „normative Stasis versus Dynamik", „Strenge versus Elastizität", „institutionalisierter Multilateralismus versus Unilateralismus", „Egalität versus Hierarchisierung" sowie „positives Recht versus realpolitische Notwendigkeit" und „positives Recht versus Idealismus". All diese Spannungsfelder entfalten sich vor dem Hintergrund der völkerrechtlichen Reglementierung zwischenstaatlicher Gewaltanwendung. Dabei lassen sich verschiedene Grundelemente angelsächsischer Völkerrechtslogik zu rechtserhaltender Gewalt herausarbeiten:

3.1 Sprache des Rechts: Rechtfertigungsnarrative und Argumentationsstrukturen

Auf völkerrechtlicher Ebene findet ein umfassendes Gewaltverbot Anwendung (Art. 2 Abs. 4 der UN-Charta), zu dem nur drei Ausnahmen anerkannt sind: Als völkerrechtskonform gilt eine Gewaltanwendung, welche durch die Ausübung des zwischenstaatlichen Selbstverteidigungsrechts (Art. 51 UN-Charta) gedeckt ist, sich auf eine Resolution des UN-Sicherheitsrates nach Kapitel VII der UN-Charta stützt und – was nicht unumstritten ist – eine solche, der der betroffene Staat zugestimmt hat („Intervention auf Einladung"). Diese Ausnahmen werden im angloamerikanischen Rechtskreis oftmals insbesondere angesichts neuer internationaler Bedrohungen (Terrorismus, Massenvernichtungswaffen, Cyber-Bedrohungen) und einer regelmäßig zu verzeichnenden „Blockade" des UN-Sicherheitsrates extensiv verstanden. Alternativ beruft man sich auf weitere, behauptete völkergewohnheitsrechtliche Rechtfertigungstatbestände oder identifiziert die Emergenz neuer Tatbestände. Die Relevanz und Verbindlichkeit des Völkerrechts an sich wird nicht von der Hand gewiesen, sondern Gewaltanwendung im politischen und völkerrechtswissenschaftlichen Diskurs unter Verweis auf bestehende, behauptete, neu entstandene oder entstehende Rechtfertigungstatbestände legitimiert. Insofern wird das Völkerrecht als solches nicht in Frage gestellt, vielmehr wird die Völkerrechtskonformität der Anwendung von Gewalt zumeist betont und das Völkerrecht als ein elastisches Regime wahrgenommen. Regelmäßig wird die Strategie einer mehrfachen Absicherung bemüht und es werden verschiedene „legality claims" (vgl. Starski 2017, S. 33) parallel angebracht.

3.2 Zwischen rechtlicher Dynamik und Rechtsbruch

Dabei stellt sich im Hinblick auf die dem Völkerrecht attestierte Elastizität die Frage nach der Grenze zwischen dynamischer Auslegung, einer Rechtsänderung und einem Rechtsbruch. In diesem Kontext ist relevant, dass „jede spätere Übung bei der Anwendung" eines völkerrechtlichen Vertrags, „aus der die Übereinstimmung der Vertragsparteien über seine Auslegung hervorgeht", bei der Auslegung völkervertraglicher Normen zu berücksichtigen ist (Art. 31 Abs. 3 lit. b der Wiener Vertragsrechtskonvention). Zudem fußt Völkergewohnheitsrecht auf einer verbreiteten Staatenpraxis, welche von einer korrespondierenden Rechtsüberzeugung (*opinio iuris*) der Staaten gedeckt ist. Völkerrechtliche Normen – so auch das Gewaltverbot – kennzeichnet insofern eine besondere Dynamik. Des Weiteren legen Rechtsbrüche potentiell die Saat für eine neue „Legalität". Dementsprechend zeichnet das Völkerrecht bereits an sich ein perplexes Bild ab, was die Abgrenzung zwischen dem *de lege lata* („rules and principles") und *de lege ferenda* („policy") herausfordernd erscheinen lässt. Gerade in der angelsächsischen Tradition scheinen diese Grenzen nicht nur auf dem politischen Parkett, sondern auch in der Völkerrechtswissenschaft zu verschwimmen. Diese Eigenheiten angelsächsischer Völkerrechtslogik (auch im Wechselspiel zu kontinentaleuropäischen Ansätzen) werden in den Diskursen zum Beispiel zur Kosovo-Intervention der NATO, der Intervention im Irak, dem Vorgehen der Global Coalition against ISIL in Syrien sowie den Luftschlägen in Reaktion auf Chemiewaffen-Einsätze seitens des Assad-Regimes in Syrien (2017/2018) besonders deutlich erkennbar. Der angloamerikanische Zugriff auf die Frage rechtserhaltender Gewalt ist geprägt von einer besonderen Sensibilität für die politischen Dimensionen des Völkerrechts, welche mitunter letzteres als politisches Instrument begreift. Eine zentrale Rolle bei der Erfassung des angelsächsischen Völkerrechtsverständnisses spielen auch die Eigenheiten der Völkerrechtswissenschaft und ihrer Methodik. So besteht seit jeher eine enge Verbindung zu den Politikwissenschaften sowie der Lehre von den Internationalen Beziehungen. Im Einzelnen haben sich markante „Völkerrechtsschulen" entwickelt (Critical Legal Studies, Transnational Legal Process, New Haven Approach), die sich von einem klassisch „positivistischen" Rechtsbegriff weit entfernt haben. Auch die Völkerrechtswissenschaft betätigt sich als „norm entrepreneur".

3.3 Nahaufnahme: Humanitäre Interventionen und Selbstverteidigungsrecht

Besonders deutlich tritt dies in der Diskussion zu humanitären Interventionen – begriffen als Interventionen, die nicht seitens des UN-Sicherheitsrates autorisiert sind, jedoch schwerwiegende Menschenrechtsverletzungen zu unterbinden suchen – zu Tage. Klassisch und konservativ betrachtet gelten humanitäre Interventionen *de lege lata* als illegal, wobei sie mitunter – auch in kontinentaleuropäischen Debatten – als legitim eingeordnet werden (Independent International Commission on Kosovo 2010). Im angelsächsischen Diskurs lassen sich unterschiedliche Argumentationsstränge identifizieren, die hiervon Abstand nehmen und proaktiv auf das Recht einzuwirken suchen. Im Zuge der Kosovo-Intervention im Jahre 1999 argumentierte das Vereinigte Königreich, Gewaltanwendung sei „justified as an exceptional measure to prevent an overwhelming humanitarian catastrophe. […] In these circumstances, and as an exceptional measure on grounds of overwhelming humanitarian necessity, military intervention is legally justifiable" (S/PV.3988, 12). In der National Security Strategy der Obama-Administration scheint sich eine „necessary force"-Doktrin widerzuspiegeln siehe hierzu Henderson 2010, S. 403ff.): Gewalt werde ausgeübt, wo dies zur Verteidigung des eigenen Landes und seiner Verbündeten oder zur Aufrechterhaltung des Friedens und der Sicherheit notwendig sei. Letzteres erfasse auch den Schutz von Zivilpersonen, die sich einer schwerwiegenden humanitären Krise ausgesetzt sehen („necessary to defend our country and allies or to preserve broader peace and security, including by protecting civilians facing a grave humanitarian crisis", White House 2010, S. 22). Obama (2009) sprach ferner von „internationalen Standards", die es bei Gewaltanwendung im zwischenstaatlichen Kontext einzuhalten gelte (Henderson 2010, S. 403, 414). Der Terminus „Standard" indiziert – im Gegensatz zum Begriff „Regel" – keine unbedingte Verbindlichkeit. Argumentiert wird ferner mit der Idee einer „Ersatzvornahme" („substitute action") seitens einer „Koalition der Willigen" („Coalition of the Willing"), die im Falle der Blockade des UN-Sicherheitsrates berechtigterweise die Kompetenz zur Rechtsdurchsetzung mit gewaltsamen Mittel an sich zöge („law enforcement"). Die Idee einer US-amerikanischen „international police power", die mit Interventionsrechten einherginge, lässt sich bereits im außenpolitischen Ansatz von Theodore Roosevelt nachweisen. So stellte dieser fest:

> "[I]f a nation shows that it knows how to act with reasonable efficiency and decency in social and political matters, if it keeps order and pays its obligations, it need fear no interference from the United States. Chronic wrongdoing, or an impotence which results in a general loosening of the ties of civilized society, may in America, as elsewhere, ultimately require intervention by some civilized nation, and in the Western Hemisphere the adherence of the United States to the Monroe Doctrine may force the United States, however reluctantly, in flagrant cases of such wrongdoing or impotence, to the exercise of an international police power. […] We would interfere with them only in the last resort, and then only if

it became evident that their inability or unwillingness to do justice at home and abroad had violated the rights of the United States or had invited foreign aggression to the detriment of the entire body of American nations. It is a mere truism to say that every nation, whether in America or anywhere else, which desires to maintain its freedom, its independence, must ultimately realize that the right of such independence cannot be separated from the responsibility of making good use of it" (Roosevelt 1904).

In diesen Äußerungen spiegelt sich der Anspruch auf die Einnahme einer Sonderstellung auf internationaler Ebene seitens der USA wider („exceptionalism"), welcher auch die Wahrnehmung des Völkerrechts maßgeblich prägt.

In diesem Zusammenhang spielen naturrechtliche Argumentationslinien, die der Idee des gerechten Krieges folgen, eine zentrale Rolle. Verknüpft mit der Idee der Legitimität der Ausübung „notwendiger" Gewalt ist die besondere Betonung der Machtstellung der USA. Mitunter taucht der Gedanke einer – jedenfalls moralischen – Verpflichtung zum Eingreifen aufgrund der besonderen US-amerikanischen Kapazitäten auf. Insofern sind Macht („might") und Fähigkeit („ability") im US-amerikanischen Diskurs eng mit einem angenommenen Recht zur Intervention sowie einer Pflicht zur Intervention verknüpft. So konstatierte Obama im Jahre 2011, dass

"in this particular country – Libya, at this particular moment, we were faced with the prospect of violence on a horrific scale. We had a unique ability to stop that violence: an international mandate for action, a broad coalition prepared to join us, the support of Arab countries, and a plea for help from the Libyan people themselves. We also had the ability to stop Qaddafi's forces in their tracks without putting American troops on the ground" (Obama 2011).

Ähnlich äußerte sich sein Nachfolger Trump im Hinblick auf Syrien:

"We can't let atrocities like we all witnessed, and you can see that and it's horrible, we can't let that happen in our world. Especially when we're able to, because of the power of the United States, because of the power of our country, we're able to stop it" (Jacobs 2018).

Widerhall hat diese Legitimierungsmatrix auch in der National Security Strategy von 2010 gefunden. So lautet es in dieser, dass den USA als „only nation able to project and sustain large-scale military operations over extended distances" eine „unique responsibility to promote international security" zukäme (White House 2010, S. 17).

In Reaktion auf die Kritik des „Globalen Südens" wurde versucht, von dem Konzept „humanitärer Intervention" Abstand zu nehmen und den Diskurs hin zur „Verantwortung" souveräner Staaten für ihre Bevölkerung zu verlagern. Diese Bemühungen mündeten in das „Responsibility to Protect"-Konzept, das in seinem dritten Pfeiler ein militärisches Eingreifen der internationalen Gemeinschaft als *ultima ratio* im Falle schwerster Menschenrechtsverletzungen vorsieht und sich insofern um eine „Legalisierung der Legitimität" (Daase 2013) müht. Dieses Konzept ist zurückzuführen auf Arbeiten der International Commission on Intervention and State Sovereignty (ICISS), die sich auf eine Initiative Kanadas gründete. Kanada mühte sich insofern, Anreize zu einer progressiven Weiterentwicklung des Rechts zu setzen. Die ICISS war zudem wesentlich von dem australischen Politiker Gareth Evans, der als ihr Co-Chair fungierte, geprägt. Im Rahmen ihrer Arbeit konsultierte die ICISS Regierungen, NGOs und Think Tanks und veröffentlichte einen abschließenden Bericht samt einer diesen begleitenden Bibliographie (International Commission on Intervention and State Sovereignty 2001), der den Rahmen der „Responsibility to Protect" absteckte. Und in der Tat bedingten die Arbeiten der ICISS einen „change of the discussion": Aufgegriffen wurde das Konzept der „Responsibility to Protect" im Bericht des UN High-Level Panel 2004, dem Bericht des UN-Generalsekretärs „In Larger Freedom" (UN-Generalsekretär 2005) sowie von der Staatengemeinschaft im World Summit Outcome Document (Generalversammlung der Vereinten Nationen 2005), das als Resolution der UN-Generalversammlung verabschiedet wurde. Letzterem kommt in potentiell jurisgenerativer Hinsicht entscheidende Bedeutung zu, da es von Staatenvertretern getragen wurde. Die „Responsibility to Protect" gehört mittlerweile zum Grundvokabular der UN, in deren Rahmen ihr ein besonderes Gepräge gegeben wurde, auch wenn nur bestimmten Teilelementen dieses Konzeptes normativer Charakter zugesprochen werden kann. Diskussionen zur Legalität der humanitären Intervention haben trotz des neuen Narrativs der „Responsibility to Protect" nicht an Aktualität eingebüßt: Während die ICISS die Legalität einer seitens des UN-Sicherheitsrates nicht autorisierten Intervention im Falle der Blockade des UN-Sicherheitsrates nicht ausschloss, hielt das World Summit Outcome Document an dem Erfordernis der Autorisierung fest (Generalversammlung 2005 Absätze 138, 139). Insofern sind die britische Argumentationslinie der Legalität von Gewaltanwendung in außergewöhnlichen Umständen im Fall humanitärer Katastrophen („exceptionalism", „humanitarian catastrophe") sowie das eher US-amerikanisch geprägte „law enforcement" und „substitute action"-Modell nach wie vor virulent.

Dreh- und Angelpunkt der Rechtfertigung von Gewaltanwendung im internationalen Kontext bleibt jedoch Art. 51 UN-Charta und das dort verankerte Selbstverteidigungsrecht. Dies trifft auch auf den angloamerikanischen Rechtskreis zu. Die Dominanz der Invokation von Art. 51 UN-Charta erklärt sich daraus, dass hier ein kodifizierter Rechtfertigungstatbestand gegeben ist, dessen normative Existenz als solche nicht in Frage steht. Im Kern gegenwärtiger Debatten steht seine Auslegung und mögliche Modifikation. Dabei lassen sich seit dem 11. September 2001, dem „Global War on Terror" und der Sorge um die „national security" verstärkt Ansätze im angelsächsischen Rechtsdiskurs identifizieren, die die zeitlichen Grenzen einer Berufung auf das zwischenstaatliche Selbstverteidigungsrecht bis hin zu der Abwehr bloß latenter Gefahren ausdehnen („pre-emptive self-defence"/ „anticipatory self-defence") sowie den Anwendungsbereich des Art. 51 UN-Charta *ratione materiae* (Begriff des bewaffneten Angriffs, insbesondere notwendige Hemmschwelle) und *ratione personae* (tauglicher Angreifer) erweitern (vgl. Starski 2015, S. 455ff.). Entscheidend ist insofern die kollektive Dimension des Selbstverteidigungsrechts, welche es gestattet, einem angegriffenen Staat Nothilfe zu leisten. Die Ausübung des kollektiven Selbstverteidigungsrechts durch „Coalitions of the Willing" fungiert als Basis langangelegter internationaler Interventionen jenseits einer Autorisierung des UN-Sicherheitsrates wie das Vorgehen der Global Coalition against ISIL in Syrien unter Beweis stellte (hierzu auch Starski 2017 S. 1ff.). Die Ausübung des kollektiven Selbstverteidigungsrechts substituiert kollektive Maßnahmen des UN Sicherheitsrates nach Kapitel VII. Es wandelt sich von einem Instrument der Gefahrabwehr zu einem Instrument im Dienste der Durchsetzung bestimmter Standards und Politiken und bietet der Entfaltung des US-amerikanischen Sonderanspruchs Raum.

3.4 Konvergenz, Kontingenz und Hierarchisierung

Dabei scheinen Verfechter der Legalität horizontaler humanitärer Interventionen und eines expansiv verstandenen Selbstverteidigungsrechts in ihren Argumentationslinien zu konvergieren (Brooks 2012, S. 125ff.). Diese Konvergenz äußert sich in dem Konzept einer „konditionierten" beziehungsweise „kontingenten" Souveränität. Dieses Konzept, an das konkrete rechtliche Implikationen geknüpft werden, hat eine besondere Präsenz innerhalb angelsächsischer Diskurse zum Gewaltverbot: Dem Staat komme Schutz vor gewaltsamen Interventionen vermöge des Souveränitätsprinzips, Gewaltverbots und Interventionsverbots zu. Dieser Schutz sei jedoch bedingt durch die Erfüllung bestimmter Grundpflichten. So denn diese nicht erfüllt werden (zum Beispiel, weil der Staat seine eigene Bevölkerung nicht zu schützen vermag oder gewaltsam gegen diese vorgeht), werde der Staat dieses Schutzes verlustig (Verwirkung, Rechtsmissbrauch) und könne zum Objekt militärischer Interventionen werden. Einer der zentralen Verfechter dieses Ansatzes war Richard N. Haass, der als Director of Policy Planning im State Department von 2001 bis 2003 fungierte und maßgeblich an der Ausarbeitung der National Security Strategy 2002 beteiligt war (siehe Haass 2003 und Walzer 1980, S. 209, 216).

Der eigentliche Souverän sei die Bevölkerung, die es zu schützen gelte. Deren Souveränität sei auch in völkerrechtlicher Hinsicht erheblich und lebe aufgrund des Nichtwillens oder Unvermögens des Staates, sein Versprechen gegenüber seiner Bevölkerung zu erfüllen, auf. Hier werden Parallelen zur vertragstheoretischen Konzeption des Staates gezogen (Locke 1690 [1689], Absätze 114, 153) und auf die völkerrechtliche Ebene übertragen. Zwar ist die Idee der „kontingenten Souveränität" bereits in den Arbeiten der ICISS zur „Responsibility to Protect" nachweisbar (Deng 1993, S. 13), nunmehr wird von ihr jedoch auch im Kontext des Antiterrorismuskampfs und der Bedrohung durch Massenvernichtungswaffen Gebrauch gemacht. Zu den weiteren Grundpflichten, die eine Verwirkung des Schutzes durch das Souveränitätsprinzip bedingten, zähle auch die Pflicht der Staaten, terroristische Aktivitäten auf eigenem Territorium zu unterbinden und andere Staaten nicht mit Massenvernichtungswaffen zu bedrohen (siehe Haass 2003).

Insbesondere letztere Argumentationslinie steht in besonderer Nähe zu Ansätzen, die eine Hierarchisierung des völkerrechtlichen Regimes zur zwischenstaatlichen Gewalt propagieren, „liberal theories of international law" (Slaughter 1997, S. 183ff.), und eine solche als Grundbedingung eines dauerhaften internationalen Friedens betrachten. Der Schutz des Gewaltverbots sei allein „friedliebenden", „demokratischen" Staaten uneingeschränkt zu gewähren. „Schurkenstaaten" („rogue states/regimes") komme insofern im Vergleich zu demokratischen Staaten entgegen dem Prinzip der souveränen Gleichheit keine gleichberechtigte Stellung zu. Vielmehr sei „demokratischen Staaten" die Entscheidungsprärogative im Hinblick auf die Anwendung von Gewalt in internationalen Beziehungen eingeräumt. Des Weiteren stünden ihnen besondere Governance-Rechte bei ihrer Ausübung zu (Reus-Smit 2005, S. 71, 72ff.). Eine derartige Hierarchisierung würde die Politik der rechtlichen Doppelstandards, die insbesondere den USA wiederholt vorgeworfen wird, auf ein rechtliches Fundament stellen. Die „liberal approaches to international law" scheinen an die Grundidee des US-amerikanischen „exceptionalism" anzuknüpfen, weiten diese jedoch auf alle westlichen Demokratien aus.

3.5 Ambivalentes Verhältnis zum Gewaltmonopol des UN-Sicherheitsrates: Handeln zur Kompensation institutioneller Dysfunktion

In den Argumentationslinien sowohl zu humanitären Interventionen als auch zu einem expansiv verstandenen Selbstverteidigungsrecht tritt das ambivalente angelsächsische Verhältnis zur Monopolisierung von Gewalt beim UN-Sicherheitsrat zu Tage. Zwar lässt sich die Überzeugung von einer „befriedenden" Wirkung institutionalisierter internationaler Zusammenarbeit (Frieden durch Institutionen) auch im angelsächsischen Rechtskreis nachweisen. Dies gilt gerade im technisch-wissenschaftlichen Bereich (Frieden durch institutionell-verrechtlichte Technokratien, Mitrany 1933;

Reinsch 1907, S. 579; Potter 1922). Jedenfalls in den USA regt sich jedoch mitunter schnell Widerstand, wenn internationale Institutionen den staatlichen Aktionsradius einschränken. Die US-amerikanische Position scheint von einem „unilateralen Multilateralismus" und einem „selective endorsement" geprägt zu sein (vgl. Orentlicher 2004, S. 415, 416): Dem institutionellen Rahmen wird sich gefügt, wo dies im Einklang mit nationalen Interessen steht. Und dennoch ist das Bild differenzierter und wandelt sich auch mit den jeweiligen außenpolitischen Agenden der betreffenden Regierungen. Zwischen grundsätzlicher Infragestellung einerseits und Instrumentalisierung andererseits als zwei extremer Pole zeichnen sich viele Grausphären ab. So stützten die USA und das Vereinigte Königreich das militärische Vorgehen gegen den Irak im Jahre 2003 auf ein „Wiederaufleben" der Ermächtigung in Resolution 687 (1991) des UN-Sicherheitsrats (Letter, UN Doc S/2003/351), welche den ersten Irakkrieg betraf. Zwar erweist sich diese Argumentation als nicht überzeugend, von Bedeutung ist jedoch, dass sich sowohl die USA als auch das Vereinigte Königreich auf den UN-Sicherheitsrat beriefen, um ihr militärisches Eingreifen zu legitimieren (Chilcot Report, Section V), unter anderem auch, weil eine Berufung auf das zwischenstaatliche Selbstverteidigungsrecht im Ergebnis als zu heikel eingestuft wurde. Demgegenüber trifft man durchaus auch auf die Behauptung, die Prärogative des UN-Sicherheitsrates, über die Anwendung von Gewalt zu entscheiden, sei durch ein effektives Funktionieren der UN-Maschinerie bedingt (Mertus 2000, S. 1775ff.; Reisman 1985, S. 287ff.). So argumentierte Nikki Haley im Zusammenhang mit dem Luftangriff der USA im April 2017 gegen den syrischen Luftstützpunkt Shayrat, welcher mutmaßlich in einen vorher verübten Chemiewaffenangriff involviert war: „When the international community consistently fails in its duty to act collectively, there are times when States are compelled to take their own action" (UNSC S/PV.7919, S. 17).

3.6 Frieden durch „Export von Recht": „Democratic Peace"

US-amerikanischer Interventionismus unter Anwendung von Gewalt ist auch in den Kontext des Paradigmas „Frieden durch Export von Recht" zu stellen. Die Annahme, dass bestimmte Staats- und Verfassungsmodelle dem inneren und äußeren Frieden förderlich sind (angelegt bereits in Kantianischer Philosophie), ist im angelsächsischen Diskurs weit verbreitet. Die Idee eines „democratic peace" ist zentrale Determinante US-amerikanischer Politik von Theodore Roosevelt über Woodrow Wilson bis hin zu George W. Bush. Sie ist mitunter wesentliches Element des Rechtfertigungsnarrativs bei der Entscheidung, militärisch zu intervenieren und dient als argumentatives Fundament zur Bestärkung der Legitimität des „state building"-Engagements im Nachgang zu dieser. Es herrscht ebenfalls die Überzeugung von dem Modellcharakter der US-Verfassung vor, die anderen Staaten als Vorbild dienen könne (vgl. Golove 2002, S. 579) und als Verkörperung universeller Werte zu betrachten sei. Insofern stellt Minxin Pei fest: „American political institutions and ideals, coupled with the practical achievements attributed to them, have firmly convinced Americans that their values ought to be universal" (Pei 2003, S. 31, 34).

Im Zuge des Engagements der USA beim „nation building" und „state building" müht man sich dementsprechend um den Export des „westlichen" Staats- und Rechtsmodells (siehe Dobbins et al. 2003), das als Garant eines stabilen Friedens wahrgenommen wird. Die außenpolitische Agenda ist in diesem Kontext jedoch wechselhaft. Neben Erfolgen (Deutschland und Japan) haben die USA auch traumatische Erfahrungen zu verzeichnen, die in eine Phase der Zurückhaltung mündeten. Dennoch ist in angelsächsischen Rechtfertigungsnarrativen zum Einsatz rechtserhaltender Gewalt zumeist – jedenfalls subkutan – das Element des „Missionarischen" präsent, das eng mit der Idee einer Hierarchisierung der Völkerrechtsordnung verknüpft ist.

3.7 Gegenläufige Tendenzen: International Rule of Law?

Es lassen sich jedoch auch im angelsächsischen Rechtskreis Rufe nach einer „rule of law" bei der Anwendung zwischenstaatlicher Gewalt vernehmen, welche Flexibilität und Elastizität nur bedingt Raum lässt. Erwähnenswert erscheint in diesem Kontext der „World Peace through Law"-Ansatz. Dieser lässt sich auf eine Initiative der *American Bar Association* (vgl. Rhyne 1958, S. 937ff., 997ff.) aus den 1950er- und 1960er-Jahren zurückführen. Unter diesem thematischen Dach wurde im Rahmen zahlreicher Konferenzen – unter dem Eindruck der Gefahr atomarer Auslöschung – diskutiert, wie die „Herrschaft der Gewalt" in internationalen Beziehungen durch eine „Herrschaft des Rechts" ersetzt werden könnte. Im Kern ging es gerade darum, Anwälte und Praktiker an der Fortentwicklung einer „international rule of law" zu beteiligen.

3.8 Frieden durch rechtsprechende Gewalt

Das Verhältnis der USA zur Idee eines „Friedens durch gesprochenes Recht" ist ebenfalls ambivalent. Internationale (Völkerstraf-) Gerichte werden nicht als solches zurückgewiesen, sondern als zentrales friedensbeförderndes Instrument im Nachgang zu bewaffneten Konflikten wahrgenommen. So waren die USA starke Verfechter des Nürnberger Tribunals (Secretaries of State and War and the Attorney General 1945) sowie der Internationalen Strafgerichtshöfe für Jugoslawien und Ruanda (Albright 1993). Widerstand regt sich jedoch im Hinblick auf die Jurisdiktion internationaler judikativer Organe über US-amerikanische Bürger gerade im Bereich des Völkerstrafrechts (siehe Cerone 2007, S. 277ff.), was die Auseinandersetzungen zum Rom-Statut des Internationalen Strafgerichtshofs verdeutlichen. Eine Ratifikation des Rom-Statuts ist seitens der USA nicht erfolgt, wohl sind aber Australien, das Vereinigte Königreich und Kanada Vertragspartei.

4 Zwischen dynamischer Elastizität und Rechtsbruch

Den angelsächsischen Ansatz zum Gewaltverbot und zu rechtserhaltender Gewalt kennzeichnet eine elastische und flexible Herangehensweise. Diese ist mitunter einem Pragmatismus und Realismus angesichts angenommener politischer Notwendigkeiten geschuldet (insbesondere dort, wo die „national security" tangiert wird), mitunter speist sie sich aus einem Idealismus, in dessen Kern das Streben nach Verwirklichung höherer moralischer Prinzipien und Werte steht (insbesondere im humanitären Kontext). In beide Richtungen wird der US-amerikanische Anspruch auf die Einnahme einer Sonderrolle virulent. Determinanten sind insofern Realpolitik und nationale Sicherheitsinteressen einerseits und „moralism"/„universalism" und das „common good" andererseits, welche in vielen Rechtfertigungsnarrativen, mitunter in einer perplexen, kombinierten Form, zu Tage treten.

Diese Elastizität ist potentiell Wegweiser eines mitunter notwendigen normativen Wandels, läuft aber stets Gefahr, das völkerrechtliche Regelwerk zu einer bloßen Apologie der Gewaltanwendung und Machtausübung verkommen zu lassen (Recht als politisches Instrument vs. Recht als Instrument zur Einhegung von Politik). Dabei scheint – jedenfalls subkutan – zwischen dem positiven

Recht und einem „höheren" Recht, das Gerechtigkeit verkörpert, differenziert zu werden. Im Falle eines Widerspruchs zwischen beiden sei letzterem zu folgen. Insofern weicht die Idee des „peace through law" mitunter der des „peace through justice", der in bestimmten Konstellationen nur gewaltsam realisiert werden könne. Gewaltanwendung gilt in diesem Sinne als in den Realitäten der Welt notwendiges Mittel zur Durchsetzung höheren Rechts und zur Etablierung nachhaltigen Friedens.

Literatur

Albright, Madeleine. 1993. *UN Security Council Adopts Resolution 808 on War Crimes Tribunal*. 4 US Dept. of St. Dispatch No. 12, Art. 5, 22. März 1993.

Bingham, Tom. 2010. *The Rule of Law*. London: Allen Lane.

Brooks, Rosa. 2012. Strange Bedfellows: The Convergence of Sovereignty-Limiting Doctrines in Counterterrorist and Human Rights Discourse. *Georgetown Journal of International Affairs* 2: 125–133.

Cerone, John P. 2007. Dynamic Equilibrium: The Evolution of US Attitudes toward International Criminal Courts and Tribunals. *European Journal of International Law* 18 (2): 277–315.

Chesterman, Simon. 2008. An International Rule of Law? *American Journal on Comparative Law* 56 (2): 331–362.

Daase, Christoph. 2013. Die Legalisierung der Legitimität - Zur Kritik der Schutzverantwortung als emerging norm. *Friedens-Warte*: 41–62.

Deng, Francis. 1993. *Protecting the Dispossessed*. Washington. DC: Brookings Institution Press.

Dobbins, James F., John G. McGinn, Keith Crane, Seth G. Jones, Rollie Lal, Andrew Rathmell, Rachel M. Swanger und Anga R. Timilsina. 2003. *America's Role in Nation-Building: From Germany to Iraq*. Santa Monica, CAL: RAND Corporation.

Eberl, Oliver und Andreas Fischer-Lescano. 2005. *Grenzen demokratischen Rechts?* HSFK-Report 8/2005. Frankfurt: HSFK.

Edling, Max M. 2018. Peace Pact and Nation: An International Interpretation of the Constitution of the United States. *Past and Present* 240: 267–303.

Ferstman, Carla, Thomas Obel Hansen und Noora Arajärvi. 2018. *Efforts and Prospect for Accountability for International Crimes Allegations?* Essex: University of Essex.

Fuller, Lon L.. 1964. *The Morality of Law*. New Haven, CT: Yale University Press.

Golove, David. 2002. Human Rights Treaties and the U.S. Constitution. *DePaul Law Review* 52: 579–626.

Haass, Richard. 2003. Sovereignty: Existing Rights, Evolving Responsibilities. https://2001-2009.state.gov/s/p/rem/2003/16648.htm. Zugegriffen: 17. Mai 2019.

Henderson, Christian. 2010. The 2010 United States National Security Strategy and the Obama Doctrine of ‚Necessary Force'. *Journal of Conflict & Security Law* 15 (3): 403–434.

Hobbes, Thomas. 1651. *Leviathan*. London: Andrew Crooke.

Howe, Samuel R. 2019. Congress's War Powers and the Political Question Doctrine after Smith v. Obama. *Duke Law Journal* 68 (6): 1231–1276.

Independent International Commission on Kosovo. 2010. *Kosovo Report*. Oxford: Oxford University Press.

International Commission on Intervention and State Sovereignty. 2001. The Responsibility to Protect 2001. http://responsibilitytoprotect.org/ICISS/20Report.pdf. Zugegriffen: 17. Mai 2019.

Jacobs, Jennifer. 2018. Trump says U.S. will react to Syria Attack "Forcefully", Bloomberg, 9. April 2018. https://www.bloomberg.com/news/articles/2018-04-09/trump-national-security-advisers-are-said-to-meet-on-syria. Zugegriffen: 21. Oktober 2019.

Letter dated 20 March 2003 from the Permanent Representative of the United States of America to the United Nations addressed to the President of the Security Council. 2003. UN Doc S/2003/351.

Locke, John. 1690 [*1689*]. *Two Treatises of Government*. London: Awnsham and Churchill.

Mertus, Julie. 2000. Reconsidering the legality of humanitarian intervention: Lessons from Kosovo. *William & Mary Law Review* 41: 1743–1787.

Mills, Claire. 2018. Parliamentary approval for military action. CBP 7166 vom 8. Mai 2018.

Mitrany, David. 1933. *The Progress of International Government*. New Haven, CT: Yale University Press.

Obama, Barack. 2009. Barack Obama's Nobel Remarks. https://www.nytimes.com/2009/12/11/world/europe. Zugegriffen: 17. Mai 2019.

Obama, Barack. 2011. 'Remarks by the president in address to the nation on Libya', 28 March 2011. Washington DC: White House). www.whitehouse.gov/the-press-office/ 2011/03/28/remarks-president-address-nation-libya. Zugegriffen: 17. Mai 2019.

Orentlicher, Diane F. 2004. Unilateral Multilateralism: United States Policy toward the International Criminal Court. *Cornell International Law Journal* 36 (3): 415–433.

Pei, Minxin. 2003. The Paradoxes of American Nationalism. *Foreign Policy* 2003: 30–37.

Potter, Pitman B. 1922. *An Introduction to the Study of International Organization*. New York, NY: Appleton-Century Crofts.

Raz, Joseph. 1979. The Rule of Law and its Virtue. In *The Authority of Law*, hrsg. von Joseph Raz, 210–229. Oxford: Clarendon Press.

Reinsch, Paul S. 1907. International Unions and their Administration. *American Journal of International Law* 1 (3): 579–623.

Reisman, W. Michael. 1985. Criteria for the lawful use of force in international law. *Faculty Scholarship Series* 1985: 278–285.

Report of the Iraq Inquiry (Report of a Committee of Privy Counsellors). 2016. Chilcot Inquiry. http://www.iraqinquiry.org.uk. Zugegriffen: 17. Mai 2019.

Reus-Smit, Christian. 2005. Liberal Hierarchy and the Licence to Use Force. *Review of International Studies* 31: 71–92.

Rhyne, Charles S. 1958. World Peace Through Law: The President's Annual Address. *American Bar Association Journal* 44 (10): 937–941, 997–1001.

Roosevelt, Theodore. 1904. Annual Message to Congress, 6. Dezember 1904. www.ourdocuments.gov/doc. php?flash=true&doc=56&page=transcript. Zugegriffen: 17. Mai 2019.

Secretaries of State and War and the Attorney General. 1945. „Yalta Memorandum" gerichtet an Präsident Roosevelt. www.yale.edu/lawweb/avalon/imt/jackson/jack01.htm. Zugegriffen: 17. Mai 2019.

Slaughter, Anne-Marie. 1997. The Real New World Order. *Foreign Affairs* 76: 183–187.

Starski, Paulina. 2015. Right to Self-Defence, Attribution and the Non-State Actor – Birth of the "Unable and Unwilling" Standard? *Zeitschrift für ausländisches öffentliches Recht* 75: 455–502.

Starski, Paulina. 2017. The Silent State and Normative Dynamics of the Prohibition on the Use of Force – Legislative Responsibility in Situations of Enhanced Normative Volatility. *Journal on the Use of Force and International Law* 4 (1): 1–43.

Starski, Paulina und Leander Beinlich. 2018. Der Amtshaftungsanspruch und Auslandseinsätze der Bundeswehr. Eine verfassungsrechtliche und rechtsvergleichende Betrachtung aus Anlass des Kunduz-Urteils des Bundesgerichtshofs. *Jahrbuch des öffentlichen Rechts der Gegenwart* 66: 299–336.

Stephens, Beth, Judith Chomsky, Jennifer Green, Paul Hoffmann und Michael Ratner. 2008. *International Human Rights Litigation in U.S. Courts*. Leiden: Martinus Nijhoff.

The Cabinet Manual. 2011. Rn. 5.38. https://assets.publishing.service.gov.uk/government/uploads/system/uploads/attachment_data/file/60641/cabinet-manual.pdf. Zugegriffen: 17. Mai 2019.

UN-Generalsekretär. 2005. Report of the Secretary-General. In Larger Freedom: Toward Development, Security and Human Rights for All. UN Doc. A/59/2005.

UNSC Provisional Records. 2017. 72nd year, 7919th meeting, 7. April 2017. S/PV.7919.

Walzer, Michael. 1980. The Moral Standing of States: A Response to Four Critics. *Philosophy & Public Affairs* 9 (3): 209–229.

Weed, Matthew C. 2017. The War Powers Resolution: Concepts and Practice. 28. März 2017. https://www.hsdl.org/?view&did=799956. Zugegriffen: 17. Mai 2019.

White House. 2010. The National Security Strategy: May 2010. Washington, DC. www.whitehouse.gov/sites/default/files/rss_viewer/national_security_strategy.pdf. Zugegriffen: 17. Mai 2019.

World Summit Outcome Document. 2005. GA A/RES/60/1.

Rechtsakte

Authorization for Use of Military Force (AUMF). 2001. Pub. L. No. 107–40, 115 Stat. 224.

Authorization for the Use of Military Force (AUMF). 2002. Pub. L. No. 107–243, 116 Stat. 1498.

War Powers Resolution. 1973. 50 U.S.C. 1541–1548.

„Frieden durch Recht" aus französischer Perspektive[1]

Carolyn Moser

1 Einleitung

In einem Bericht an die Abgeordnetenkammer aus dem Jahr 1929 skizzierte Pierre Cot, Juraprofessor und Abgeordneter im Auswärtigen Ausschuss, die französische Konzeption der internationalen Friedenswahrung wie folgt: Neben einem absoluten völkerrechtlichen Verbot der Gewaltanwendung besteht eine positivrechtliche Verpflichtung der Konfliktparteien zur friedlichen Streitbeilegung, wobei mangelnde Rechtsbefolgung notfalls durch eine international befehligte Streitkraft sanktioniert werden kann (vgl. Cot 1929, S. 164f.). Im vorliegenden Beitrag vertrete ich die These, dass dieser „Pazifismus alter Schule" (Ingram 1991, S. 19ff.) bis heute die französische Rechtsauffassung und Staatspraxis prägt: Die französische Konzeption von dauerhaftem internationalen Frieden ruht noch immer auf drei Säulen, nämlich dem generellen völkerrechtlichen

---

1 Die Autorin dankt Valentine Bourghelle für ihre Recherchearbeiten, welche bei der Fertigstellung des vorliegenden Beitrages von großer Hilfe waren.

Gewaltverbot (1), dem Zwang der Konfliktparteien zur friedlichen Streitbeilegung (2) und – bei Missachtung der positivrechtlichen Verpflichtungen – der Möglichkeit von Sanktionen, inklusive einer erzwungenen Rechtsbefolgung durch international mandatierte Gewaltanwendung (3).

Anstatt Recht und Frieden wie etwa Hans Kelsen (1944) als Dyade zu konstruieren, basiert die außenpolitische Praxis Frankreichs auf einem triangulären Konstrukt aus Recht, Frieden *und* Gewaltanwendung zur Rechtsdurchsetzung oder Friedenswahrung. Nach französischer Auffassung sind Recht und (rechtmäßige) Gewaltanwendung keine Antagonisten, sondern bisweilen komplementär. Natürlich gilt im Einklang mit der VN-Charta der Grundsatz, vor einem militärischen Einsatz alle diplomatischen Mittel auszuschöpfen. Falls nötig, kann dem Recht aber durch Militärgewalt zu seiner Durchsetzung verholfen werden. In gewisser Hinsicht handelt es sich hier um einen erweiterten kelsenianischen Ansatz, bei dem nicht nur die zwingende Streitbeilegung durch gerichtliche Instanzen, sondern auch die zwingende Rechtsbefolgung durch international konsentierte Gewaltanwendung zum Zuge kommt: Frieden basiert auf Recht, dessen Einhaltung auch gewaltsam eingefordert werden kann, etwa bei einem drohenden Genozid oder anderen Gräueltaten an der Zivilbevölkerung. Es sei hier angemerkt, dass die Idee einer legitimen humanitären Intervention bei Gewaltexzessen in der modernen französischen Rechtswissenschaft schon früh artikuliert wurde (vgl. Rougier 1910).

Nach kurzer Einordnung des Konzepts „Frieden durch Recht" in den französischen juristischen Diskurs, möchte ich im Folgenden zwei „Stränge" der französischen Außenpolitik darstellen, die beide letztlich der Friedenswahrung dienen (sollen), nämlich die *„politique normative extérieure"*[2] und die *„politique sécuritaire extérieure"*. Der Beitrag konzentriert sich hierbei auf die V. Republik, insbesondere auf die Staatspraxis seit 2000. Wie die folgende Analyse zeigt, verfolgt Paris als „norm entrepreneur" eine stringente Kodifizierungs- und Institutionalisierungspolitik mit dem Ziel, in Europa und der Welt ein friedvolles Nebeneinander zu garantieren und behält sich zugleich eine Militäroption im Rahmen einer *OPEX* (*Opération extérieure*) zur Stabilisierung und Friedenswahrung offen. Eine nähere Beschäftigung mit Frankreichs Sichtweise auf das Paradigma „Frieden durch Recht" ist angebracht, da das Land als ständiges Mitglied im VN-Sicherheitsrat und als Militärmacht mit technologisch unabhängiger Nuklearkapazität ein wichtiger globaler Akteur ist.

2 Das Konzept vom „Frieden durch Recht" – erst gepriesen, dann gemieden?

Um den konzeptuellen Referenzrahmen der Diskussion abzustecken, soll eingangs kurz auf den Stellenwert des Konzepts „Frieden durch Recht" jenseits des Rheins eingegangen werden.

Vom „pacifisme ancien style"…

Um die Jahrhundertwende herum erfreute sich die Idee vom „Frieden durch Recht" in Frankreich großer Beliebtheit und führte zur Gründung einer Vielzahl von Friedenssozietäten. Die wohl wichtigste und einflussreichste dieser Vereinigungen, welcher den *pacifisme ancien style* (hier übersetzt mit „Pazifismus alter Schule") am besten verkörperte, war die 1887 in Nîmes gegründete *Associa-*

---

[2] Es handelt sich hier um eine Begriffsanlehnung an Guy de Lacharrières „politique juridique extérieure" (de Lacharrière 1983).

tion de la Paix par le Droit (vgl. Ingram 1991, S. 20). Die *Association* verfügte im ganzen Land über lokale Ableger und gab bis 1940 mehrmals jährlich die Zeitschrift *La Paix par le Droit* heraus, in der namhafte Juristen, Soziologen und Literaten pazifistische Texte veröffentlichten. Die Vereinigung folgte der Devise, dass Frieden durch Recht zu erreichen sei, wobei „Recht" als die Gesamtheit positiver internationaler Institutionen verstanden wurde, das heißt zwischenstaatliche Regeln, Streitbeilegungsmechanismen sowie ein internationales System von Sanktionen im Falle von Gewaltanwendung zur Verfolgung nationaler Interessen (vgl. Assemblée Générale de l'Association de la Paix par le Droit 1934, S. 1). Vor diesem Hintergrund erstaunt es nicht, dass der Versailler Vertrag von 1919 in Frankreich als „Rechtsfrieden" (*paix du droit*) akklamiert wurde (vgl. Payk 2018, S. 1). Nach Endes des Zweiten Weltkrieges verlor das Konzept „Frieden durch Recht" jedoch an Strahlkraft, was sicherlich auch mit den (bestenfalls) ambivalenten Pazifismus-Bestrebungen während des Vichy-Regimes zusammenhing (vgl. Ingram 2002). Bezeichnenderweise löste sich zu dieser Zeit (1948) auch die *Association de la Paix par le Droit* auf. Danach geriet das Konzept im rechtswissenschaftlichen Diskurs ins Hintertreffen.

…zum „pragmatisme nouveau style"

Ein kursorischer Blick auf jüngere französische Publikationen zu relevanten Themen offenbart, dass der gegenwärtige völkerrechtswissenschaftliche Diskurs dem Konzept „Frieden durch Recht" (*la paix par le droit*) kaum mehr Beachtung schenkt. Wenn das Konzept explizit Erwähnung findet, dann mit einer kritischen Note (vgl. Wyler 2010, S. 467): Mehrere sehr renommierte Völkerrechtler stellen den Nutzen des Konzeptes ausdrücklich in Frage und stufen es als (gefährlichen) Mythos ein (vgl. Attar 1994; Dupuy 2003, S. 461), der aufgegeben werden sollte (vgl. Weil 1992, S. 65).

Dies bedeutet keinesfalls, dass französische Rechtsgelehrte dem Völkerrecht seine gewalteinhegende Wirkung aberkennen oder die Bestimmungen zum Gewaltgebot (beispielsweise in der VN-Charta) in Frage stellen. Vielmehr zweifelt der gegenwärtige französische rechtswissenschaftliche Diskurs an, dass das Recht – und/oder die Rechtsprechung – *allein* friedensstiftende oder friedenswahrende Kräfte entfalten kann (vgl. Combacau und Sur 2016, S. 620). Viele Abhandlungen französischer Juristen stellen deshalb heraus, dass in einem dezentralen internationalen System der politische Wille eine entscheidende Rolle für die Rechtsumsetzung beziehungsweise -durchsetzung spielt, insbesondere beim Gewaltverbot (vgl. de Lacharrière 1983, S. 147f.). Kurzum, nach Mehrheitsauffassung der französischen Juristen – Wissenschaftler wie Praktiker – garantiert Recht nur dann und solange den Frieden, wie der nötige politische Wille der Staaten gegeben ist. Im französischen Außenministerium ist man gemäß dieses *réalisme nouveau style* der Ansicht, dass Militäreinsätze zum diplomatischen Arsenal gehören (vgl. Lequesne und Sand 2017), wobei einer Militärintervention natürlich die Ausschöpfung aller friedlichen Streitbeilegungsmechanismen vorangehen soll. In der Tat ist das pragmatische Narrativ angesichts des anhaltenden Terrorismus (auch auf französischem Boden) erstarkt, ohne jedoch den unterschwelligen Normativismus zu vertreiben (vgl. Macron 2017b; Pannier und Schmitt 2019, S. 900, 903). Es ist also festzuhalten, dass sich das gegenwärtig kritisch rezipierte Paradigma vom Frieden durch Recht seit dem Ende des zweiten Weltkrieges nicht zuletzt als Reaktion auf den gescheiterten Völkerbund und die unklare Rolle der französischen Pazifisten während der Kriegsjahre herausgebildet hat. Dennoch bleibt der Grundgedanke der französischen Pazifisten der ersten Stunde erhalten: Absolutes Gewaltverbot und friedliche Streitbeilegung bleiben das Maß der Dinge, wobei zur Rechtsdurchsetzung auch international mandatierte Gewalt angewendet werden kann.

Verfassungsrechtliche Aspekte

Eine Auseinandersetzung mit der französischen Verfassung von 1958 offenbart weitere interessante Einblicke. Der Begriff *guerre* (Krieg) wird einmal in der Verfassung genannt, nämlich in Artikel 35, demzufolge das Parlament den Krieg erklären muss. Das Wort *paix* (Frieden) kommt ebenfalls nur einmal vor, wenn von der Ratifizierung völkerrechtlicher Verträge die Rede ist (Artikel 53). Das Völkerrecht (*droit international*) wird hingegen kein einziges Mal im Text der Verfassung der V. Republik von 1958 erwähnt. Allerdings ist die Französische Republik laut Punkt 14 der Präambel der Verfassung von 1946 – die angesichts der *bloc de constitutionnalité*-Doktrin des *Conseil constitutionnel* verfassungsrechtliche Relevanz genießt (Conseil constitutionnel 1971) – dazu angehalten, eingedenk ihrer Traditionen im Einklang mit dem Völkerrecht zu agieren und sich der Freiheit anderer Völker nicht durch Eroberung oder Gewaltanwendung entgegenzustellen. Auf Französisch lautet der zweite Teil dieser Bestimmung: „*[La République française] n'entreprendra aucune guerre dans des vues de conquête et n'emploiera jamais ses forces contre la liberté d'aucun peuple.*" Diese Formulierung ist insofern interessant, als sie eine Gewaltanwendung zum Zweck der Freiheitssicherung (*pour la liberté*) eines Volkes nicht ausschließt. Hier schließt sich also der Kreis: Laut französischer Verfassung gilt das generelle Gewaltverbot und die Verpflichtung zur friedlichen Streitbeilegung gemäß geltendem Völkerrecht (das heißt VN-Charta), wobei ein Hintertürchen zur rechtsdurchsetzenden Gewaltanwendung offenbleibt, da diese verfassungsrechtlich nicht explizit ausgeschlossen wird – anders als beispielsweise ein Angriffskrieg. Die eingangs erwähnte Triade findet sich also auch (implizit) in der Verfassung wieder.

3 Frankreichs politique normative extérieure: Frieden durch Rechtssetzung und Rechtsentwicklung

Wenden wir uns nun Frankreichs normativer Außenpolitik zu. Wie bereits erwähnt, verfolgt Paris auf internationaler Ebene eine „normative Agenda", die darauf abzielt, gewisse normative Standards aufrecht zu erhalten sowie den Frieden zu wahren. Frankreich sieht sich selbst als Mutterland der Menschenrechte, die es international zu verbreiten und zu verteidigen gilt, wobei Völkerrecht und Multilateralismus hierbei eine zentrale Rolle zukommt (vgl. Pannier und Schmitt 2019, S. 899, 905). Ein treffendes rechtspolitisches Beispiel ist die Schuman-Erklärung von 1950 und der dadurch losgetretene supranationale europäische Integrationsprozess. Auch heute hegt man in Paris normative Ambitionen – für Europa und darüber hinaus. Dies verdeutlicht eine Rede des amtierenden Staatspräsidenten: Als Macron 2017 zum diplomatischen Corps der Republik sprach, stellte er klar heraus, dass eine der diplomatischen Prioritäten des Landes das Vorantreiben eines spezifischen Normenkonstrukts sei, das insbesondere die Grundfreiheiten garantiere, darunter Pressefreiheit, zivile und politische Rechte sowie Geschlechtergleichheit (Macron 2017a). Er postulierte ferner, dass Frankreich bei der Gestaltung und Auslegung internationaler Normen stärker ins Gewicht fallen müsse und forderte die Diplomaten dazu auf, sich in rechtssetzenden und rechtsanwendenden internationalen Institutionen stärker einzubringen. Manch einer mag in diesem normativen Streben ein Überbleibsel der ambivalenten *mission civilisatrice* (vgl. Røge und Leclair 2012) sehen; das heutige Einstehen für universelle Menschenrechte als neo-koloniale Unternehmung zu deuten, wäre jedoch deutlich zu kurz gegriffen. Das veranschaulicht auch der pazifistische Tenor alter (französischer) Schule, welcher das

Vorantreiben einer normativen Agenda auf internationaler Ebene maßgeblich beeinflusst.

Vorstoß zur Reform des Vetos im VN-Sicherheitsrat

Ein wichtiges Projekt in dieser Hinsicht ist der Einsatz für eine Reform des Vetos im VN-Sicherheitsrat. Bereits im Jahr 2000 – also kurz nach dem Kosovokonflikt – sprach sich der damalige französische Außenminister Hubert Védrine (2004) für eine Neufassung des Vetos aus. Auf VN-Ebene wurde der Vorstoß jedoch erst im Jahr 2013 durch den damaligen Präsidenten François Hollande (2013) eingeführt, der in einer Rede vor der VN-Generalversammlung vorschlug, dass sich die P5 freiwillig und gemeinsam verpflichten sollten, bei Massengräueltaten *nicht* von ihrem Vetorecht Gebrauch zu machen. Ob ein solcher Fall vorliegt, soll der Einschätzung des VN-Generalsekretärs obliegen, der dem Sicherheitsrat die Sache unterbreitet – auf Eigeninitiative, auf der Basis eines Vorschlags des Hohen Kommissars für Menschenrechte oder aber auf Initiative von mindestens 50 Mitgliedern der Generalversammlung (vgl. Frankreich 2019a). Diesem Reformvorschlag liegt die eingangs erwähnte Triade von Frieden, Recht und Gewaltanwendung zur Rechtsdurchsetzung zugrunde: Wenn sich ein internationaler Akteur nicht an die Regeln hält und seine Bevölkerung massakriert und zudem über Mechanismen der friedlichen Streitbeilegung nicht zum Umdenken zu bewegen ist, dann müssen die Voraussetzungen gegeben sein oder geschaffen werden (sprich kein Veto), dass die internationale Gemeinschaft auch militärisch eingreifen kann, um dem Recht erneut Geltung zu verschaffen.

Die Forderung nach einer Einschränkung des Vetos hat Frankreich wiederholt hervorgebracht und mit den übrigen ständigen Mitgliedern einen Austausch hierzu initiiert. Im Jahr 2015 führte Frankreichs Engagement zu einer französisch-mexikanischen politischen Erklärung in der Generalversammlung zur Einschränkung des Vetos bei Massentötungen (Frankreich und Mexiko 2015), der sich bisher über 100 Staaten angeschlossen haben (Stand April 2019). Paris zielt mit diesem im doppelten Sinne normativen, sprich juristisch wie auch moralischen, Vorstoß darauf ab, durch eine freiwillige Verpflichtung der P5 einer fundamentalen Schwäche im VN-System beizukommen, nämlich der Lähmung des Gremiums in seiner Funktion als oberstem Friedenswächter durch die Uneinigkeit seiner ständigen Mitglieder. Die französische Vetopraxis leistet der Initiative im Übrigen legitimatorischen Vorschub: Paris selbst hat sein Veto seit 1989 nicht mehr benutzt (vgl. Security Council Report 2015; Security Council Report 2019) und außer im Falle einer drohenden Invasion des Irak durch die Vereinigten Staaten im Jahr 2003 auch nicht mit der Vetooption gedroht (mehr hierzu im nächsten Absatz). Es sei hier angemerkt, dass die französische Regierung die ständige Mitgliedschaft im Sicherheitsrat als besondere internationale Verantwortung versteht, der sie in mehreren sicherheitsrelevanten Bereichen nachzukommen sucht (Wahrung von Menschenrechten, Friedenssicherung oder auch Klimawandel).

Das „Nein" zum Irakkrieg als Ausdruck einer besonderen normativen Verantwortung

Von dieser besonderen Verantwortung zeugte nicht zuletzt der vehemente Widerstand Frankreichs gegen eine VN-Sicherheitsratsresolution, welche die USA 2003 zur Irak-Invasion ermächtigt hätte. Die feurige Rede für Frieden und Rationalität des damaligen Außenministers Dominique de Villepin bleibt Vielen unvergessen. Er rief seinen Homologen in Erinnerung, dass die VN ein Ideal zu wahren und ein Gewissen zu beschützen hätten, was sich durch friedliches Verhalten zeigen müsse – im gegebenen Fall Abrüstung (de Villepin 2003). Die Rede beinhaltete zwar keine ausdrücklich rechtlichen Argumente, transportierte aber nachhaltig die rechtspolitische Überzeugung Frankreichs, durch kodifizierte Regeln und institutionalisierte Mechanismen, wie etwa die in den Irak entsandten Inspekteure auf Grundlage der Resolution 1441 (2002), den Frieden wahren zu *können* und zu *wollen*. Die drohende Irak-Invasion war auch die letzte bekannte Konstellation, in der die französische Regierung mit der Ausübung ihres Vetos im Sicherheitsrat drohte (vgl. Sciolino 2003). Nebenbei bemerkt, entstand aus diesem hochbrisanten Stoff die mehrfach preisgekrönte *bande dessinée* (Comic-Geschichte) „Quai d'Orsay" (Blain und Lanzac 2010; Blain und Lanzac 2011), die abermals als Vorlage für den prämierten gleichnamigen Kinofilm diente. Das rechtspolitische Verständnis einer besonderen Verantwortung Frankreichs im Sicherheitsrat schlägt sich also sogar in der französischen Popkultur nieder, was wiederum die normativen Erwartungen der Bevölkerung an ihre Regierung in internationalen Angelegenheiten speist.

Rückgriff auf soft law zur Lösung neuer internationaler Sicherheitsbedrohungen

Ein weiteres Beispiel der normativen Agenda Frankreichs in Sachen Friedenssicherung ist eine jüngere Initiative im Cyber-Bereich, der nunmehr als Zone des Unfriedens (*unpeace*) bezeichnet wird (vgl. Kello 2017). Am 12. November 2018 startete die französische Regierung daher offiziell den „Paris Call for Trust and Security in Cyberspace" (Frankreich 2018). Dieser Aufruf ist eine auf hoher Ebene angesetzte Deklaration, die sich für die Entwicklung gemeinsamer Prinzipien im Cyberspace ausspricht. Beim „Paris Call" handelt es sich demnach um ein *soft law*-Instrument, in dem Staaten die Zusammenarbeit in gewissen Cyberfragen vereinbaren. Ziel ist es, sich auf (Mindest-) Standards der Internetgovernance zu einigen, inklusive einer friedlichen Nutzung der Ressourcen. Zusätzlich zu allen EU-Ländern haben mehr als zwei Dutzend weitere Staaten, darunter Australien, Kanada oder Japan, die Deklaration unterschrieben, ebenso wie rund 300 private Akteure (vgl. Frankreich 2019b). Alle Unterzeichner schließen sich gewissen normativen Positionen an, zum Beispiel, dass allgemeines Völkerrecht im Cyberspace Anwendung findet und zusätzliche freiwillige Verpflichtungen ebenfalls Gültigkeit haben; außerdem verpflichten sich die Unterzeichner, gemeinsam zu handeln. Es ist interessant, dass weder die USA noch China oder Russland die unverbindliche Deklaration unterzeichnet haben. Sicherlich kann man angesichts des Ausscherens großer Cyberakteure, China, Israel, Russland und die Vereinigten Staaten, die Effektivität der Initiative hinterfragen. Frankreichs Motivation für den „Call" war es allerdings nicht, ein verbindliches Rechtsinstrument zu erlangen, sondern die ins Stocken geratenen Diskussionen um Cybernormen wieder in Gang zu bringen – was der französischen Regierung auch gelungen ist. (Ähnlich verhält es sich übrigens mit dem Pariser Klimaabkommen von 2016.) Angesichts der vielen Unterzeichner des „Paris Call" – 66 Staaten unterschiedlicher Kontinente scheinen sich bei vielen zentralen Fragen einig zu sein – lässt es sich in der Tat schwer leugnen, dass es *kein* Streben nach Verrechtlichung gemäß mehrheitsfähiger Kriterien gibt. Diejenigen Staaten, die sich der symbolisch erfolgreichen Initiative nicht anschließen wollen, stehen als – schwergewichtige – Außenseiter da.

4 Frankreichs politique sécuritaire extérieure: Frieden durch Rechtsdurchsetzung und Rechtserhaltung

Die normative Außenpolitik Frankreichs wird von einer sicherheitspolitischen flankiert. Interessant ist in diesem Zusammenhang, dass das auswärtige militärische Handeln als Mittel zur Aufrechterhaltung oder Verbreitung „universeller Werte" (Menschenrechte, Rechtsstaatlichkeit, Multilateralismus) gesehen wird (vgl. Macron 2019; Schmitt 2018, S. 42). Diese *politique sécuritaire extérieure* spielt sich besonders auf dem vormaligen Kolonialgebiet in Afrika ab, wobei sich die jüngeren, meist multilateralen Einsätze im P3-Format (Frankreich, Großbritannien, USA) nicht mehr nur auf das afrikanische *pré carré*, sondern auch auf den Nahen und Mittleren Osten (Afghanistan, Libyen, Syrien) erstrecken (vgl. Zajec 2018, S. 799ff.; Pannier und Schmitt 2019, S. 902, 908). Allerdings hat sich das französische Militärengagement in Afrika stark verändert – nämlich von der Herrschaft zur Einflussnahme, die sich auf militärische Partnerschaften stützt (vgl. Evrard 2016; Bruyère-Ostells 2016). Von diesem Wandel zeugt auch die stetig sinkende Anzahl französischer Soldaten in Afrika: Von über 30.000 (1960) hat sich ihre Zahl trotz mehrerer VN-mandatierter Operationen in der Sahelzone auf unter 10.000 verringert (vgl. Ministère des armées 2019; de Rohan 2011, S. 24f.). Diese Sicherheitsaktivitäten finden in einem besonderen verfassungsrechtlichen und auch gesellschaftspolitischen Kontext statt, der im Folgenden beleuchtet wird, bevor die jüngste Staatspraxis der *politique sécuritaire extérieure* aus völkerrechtlicher Sicht unter die Lupe genommen wird.

Gesellschaftspolitischer Kontext militärischer Interventionen

In Frankreich ist die Armee jene öffentliche Institution, die von der Bevölkerung die meiste Unterstützung erfährt und der das größte Vertrauen entgegengebracht wird, noch vor der Polizei und staatlichen Krankenhäusern (vgl. Sciences Po CEVIPOF 2019; Ministère des armées 2018). Zudem sprechen sich 83 % der Franzosen für die Interventionen gegen Daech in Syrien und dem Irak aus (vgl. Ministère des armées 2018). Die Armee sowie (extraterritoriale) militärische Aktivitäten erfahren also eine hohe

Zustimmung in der französischen Bevölkerung. Vereinzelt wird in der breiteren Öffentlichkeit die Legitimität oder die Sinnhaftigkeit einzelner Einsätze debattiert, Auslandseinsätze werden aber nicht *per se* in Frage gestellt (vgl. Smith 2017, S. 7f.). Nun mag man sich fragen, inwiefern die bisweilen selektive Geschichtsaufarbeitung in Frankreich zu diesen Zustimmungsraten beiträgt. In der Tat hat die Republik bis in die Mitte der 1970er-Jahre hinein die Geschichte des Vichy-Regimes nur sehr spärlich aufgearbeitet, um nicht zu sagen verdrängt und/oder verschleiert (vgl. exemplarisch hierfür Cyrulnik 2012). Und erst im Jahr 1995 erkannte der damalige Staatschef Jacques Chirac (1995) in seiner berühmten – und nicht unumstrittenen – Rede anlässlich des Jahrestages der Massenrazzia gegen Juden (*rafle du Vél'd'Hiv*) die Verantwortung Frankreichs für die Deportation tausender Juden an. Ähnlich schleppend verlief die Geschichtsaufarbeitung mit Blick auf den algerischen Unabhängigkeitskrieg: Bis zur Annahme eines Gesetzes über Kriegsveteranen und -opfer im Jahr 1999 lautete der offizielle Sprachgebrauch *opérations effectuées en Afrique du Nord* und nicht *guerre d'Algérie* (Loi n° 99–882 du 18 octobre 1999). Es wäre aber zu kurz gegriffen, das heutige positive Bild der Armee in der französischen Bevölkerung mit der unzureichenden Beschäftigung mit der eigenen (Militär-) Geschichte zu begründen. Die jährlichen Umfragen des französischen Verteidigungsministeriums belegen, dass die Wahrnehmung der Armee und ihrer Fähigkeiten unter Franzosen bis in die 1980er-Jahre, als die Erinnerung an den zweiten Weltkrieg und der Algerienkrieg noch sehr präsent waren, auch wenn die Aufarbeitung ruhte, eher mäßig waren: Nur 65 % der Franzosen hatten damals ein positives Bild ihrer Armee, was 20 % unter der aktuellen Zustimmung liegt. Lässt sich die derzeitige Zustimmung also doch mit einem Verblassen der Erinnerung erklären? Studien zufolge ist dies zu verneinen: Entscheidend zum Eindruck einer kompetenten Führungsebene und effizienter Einheiten beigetragen haben das Ende der Wehrpflicht und die Schaffung einer reinen Berufsarmee im Jahr 1996; seither steigen die Zustimmungsraten zur Armee und ihren Missionen kontinuierlich an (vgl. Jankowski 2008).

Die positive Einstellung zu extraterritorialen Militäreinsätzen wird auch vom französischen Parlament geteilt. Hiervon zeugt beispielsweise ein Bericht des *Sénat* aus dem Jahr 2016, der bereits in seiner Einleitung erläutert, dass Frankreichs Militäreinsätze im Ausland einer langen „interventionistischen" Tradition folgen, die auf der besonderen Verantwortung des Landes angesichts seiner Werte, seines ständigen Sitzes im Sicherheitsrat, seiner Geschichte und Interessen sowie der Aufrechterhaltung seines Einflusses und der Wahrung seiner Sicherheitsinteressen gründe (vgl. Gautier et al. 2016, S. 11). Eine ganz ähnliche Aussage findet sich auch in einem Bericht der Nationalversammlung aus dem Jahr 2015, der sowohl die besondere Verantwortung als auch das breite Interessensverständnis der Republik hervorhebt, die es, falls nötig, auch militärisch zu verteidigen gilt (vgl. Chauveau und Gaymard 2015, S. 25). Diese Lesart spiegelt recht gut die allgemeine öffentliche Meinung wider, nach der es legitim ist, Frankreichs Interessen im Ausland durchzusetzen – auch militärisch. Diese Auffassung findet man ebenfalls im französischen Außenministerium wieder, wo man Auslandseinsätze für einen normalen Teil der Diplomatie hält, den es aber nur unter gewissen Vorzeichen einzusetzen gilt (vgl. Lequesne und Sand 2017).

Diese gesellschaftlich wie institutionell generell positive Einstellung zu Auslandseinsätzen verhindert jedoch nicht die kritische Auseinandersetzung mit den Folgen von Interventionen für die Länder, in die Truppen entsandt werden, wie auch für Frankreich selbst als Entsendestaat (vgl. Chauveau und Gaymard 2015, S. 28ff.; Macron 2017b). Die Schattenseiten von Militäreinsätzen werden also nicht ausgeblendet, wie das Afghanistanbeispiel belegt: Die (selbst-) kritische Auseinandersetzung mit der Sinnhaftigkeit und den Auswirkungen des dortigen Einsatzes haben nicht nur zu einer hitzigen Diskussion im Parlament geführt, sondern auch zu einem denkwürdigen Abstimmungsergebnis die Verlängerung des Einsatzes betreffend (2008): 36 % der Senatoren sowie 37 % der *députés* votierten gegen eine Verlängerung der Entsendung (vgl. Ostermann et al. 2019). Auch die Wissenschaft zieht kritisch Bilanz (darunter Bruyère-Ostells 2016; Smith 2017) – ebenso wie die Armee selbst, die einräumt, dass sie zwar Kriege gewinnen kann, den Frieden aber nur schwerlich (vgl. CDEF 2015, S. 79). Zudem gibt es regelmäßig Streitgespräche über die Sinnhaftigkeit und Notwendigkeit von (humanitären) Auslandseinsätzen mit Wortmeldungen von Praktikern wie Bernard Kouchner oder Jean-Christophe Rufin aber auch von Intellektuellen wie etwa dem sehr medienaffinen Philosophen Bernard-Henri Lévy.

Da dieser gesellschaftspolitische Kontext in starkem Kontrast zu Deutschland steht, ist ein kleiner Exkurs angebracht: Der ehemalige Bundespräsident Horst Köhler nahm 2010 seinen Hut, nachdem er in einem Interview erwähnt hatte, dass „im Zweifel, im Notfall auch militärischer Einsatz notwendig ist, um [Deutschlands wirtschaftliche] Interessen zu wahren" (Köhler 2010a). Der öffentliche Aufruhr über diese Aussage war enorm und bewegte Köhler letztlich zum Rücktritt (Köhler 2010b). Tatsächlich tat der Bundespräsident jedoch nicht anderes, als die bestehende deutsche Außen- und Sicherheitspolitik zu beschreiben: Zum Zeitpunkt des Interviews war Deutschland bereits seit zwei Jahren Teil der EU-geführten Marineoperation Atalanta im Golf von Aden, deren oberstes Ziel es laut VN-, EU- und Bundestagsmandat war – und noch immer ist –, internationale maritime Handelswege (von Piraten) freizuhalten, um so die internationale Sicherheit zu gewährleisten. Auch wenn dieses Mandat unter politischen Entscheidungsträgern, Parlamentariern und den entsandten Soldaten hinlänglich bekannt war, wovon später auch der vielbelächelte „Bananenspot" der Bundesmarine zeugte, wurde in der hitzig geführten öffentlichen Debatte gekonnt über diese Realitäten hinweggegangen. Die Köhler-Episode hätte sich so nicht auf der anderen Rheinseite zugetragen, wo Militäroperationen zur Verteidigung eigener Interessen, noch dazu mit VN-Mandat, als legitim eingestuft werden.

Institutioneller und verfassungsrechtlicher Rahmen für Truppenentsendungen

Wie ist die gesellschaftspolitisch positive Einstellung zu Auslandseinsätzen nun institutionell und verfassungsrechtlich eingebettet? Die V. Republik ist ein semi-präsidentielles System, das sich in der Praxis jedoch zu einer „präsidentiellen Hegemonie" ausgewachsen hat (Duhamel 2011, S. 568). Die Außen- und Verteidigungspolitik – auch *domaine réservé* genannt – ist von der starken Exekutivlastigkeit besonders betroffen: Bei Fragen der Gewaltanwendung oder bei Auslandseinsätzen laufen alle Informationsstränge beim Staatspräsidenten zusammen, der auch im Zentrum der Entscheidungsfindung steht (vgl. Cohen 2008, S. 24; Schmitt 2018, S. 38f.): Die Truppenentsendung fußt auf einer Entscheidung des Nationalen Sicherheits- und Verteidigungsrates, dem der Präsident als Oberbefehlshaber der Armee vorsteht (Artikel 15 der Verfassung; Décret n° 2009-1657 du 24 décembre 2009). Diese Entsendeentscheidung, ein *acte de gouvernement*, die internationalen Beziehungen der Republik betreffend, ist gerichtlich nicht überprüfbar, wie der *Conseil d'Etat* 2000 klarstellte (vgl. Conseil d'Etat 2000). Generell kann hier angeführt werden, dass die gerichtliche Kontrolle (extraterritorialen) militärischen Handelns in Frankreich schwach ausgeprägt ist und zudem die Staatshaftung bei Militäreinsätzen verneint wird (vgl. Conseil d'Etat 2010; Starski und Beinlich 2018, S. 326ff.).

Die verfassungsrechtliche Rolle der Legislative bei Truppenentsendungen ist im Gegenteil zu den weitreichenden Befugnissen der Exekutive und auch im europäischen Vergleich gering (vgl. Moser 2018, S. 150ff.), denn in Frankreich muss das Parlament einem Auslandseinsatz nicht *ex ante* zustimmen. Artikel 35, Absatz 3 der französischen Verfassung schreibt jedoch vor, dass die Regierung einmalig eine Parlamentszustimmung für eine „Verlängerung" einholen muss, falls der Einsatz im Ausland länger als vier Monate dauert (durch den Begriff „Aus*land*" werden Missionen auf hoher See, wie etwa die EU-Marineoperation Atalanta, vom neuen Dispositiv nicht erfasst). Die Dauer dieser Verlängerung ist allerdings nicht festgelegt – sie kann auch Jahre oder Jahrzehnte dauern. Seit Inkrafttreten dieser Bestimmung mit der Verfassungsänderung im Jahr 2008 hat die französische Regierung alle Auslandseinsätze durch das Parlament verlängern lassen, auch solche, die bereits länger als vier Monate entsandt waren, wie beispielsweise die NATO-Operation in Afghanistan (vgl. Blandin 2016, S. 5f.). Das Parlament billigte demnach die Verlängerung folgender Einsätze: Afghanistan (2008), Elfenbeinküste, Kosovo, Libanon, Zentralafrikanische Republik, Tschad (2009), Libyen (2011), Mali (2013), Zentralafrikanische Republik (2014), Irak (2015) und Syrien (2015). Abgesehen von der Afghanistanabstimmung schlossen sich die Mitglieder der Nationalversammlung und des Senats in der Regel mit nur wenigen Abweichungen der Regierungsmeinung an (vgl. Ostermann et al. 2019).

Was die Informationsrechte des Parlamentes anbelangt, gibt es seit der Verfassungsänderung von 2008 einen Passus in Artikel 35, Absatz 2, der besagt, dass die französische Regierung das Parlament spätestens drei Tage nach Beginn der Intervention über den Einsatz bewaffneter Soldaten (*forces armées*) informieren muss. Dies geschah mit den Einsätzen *Harmattan* (Libyen, 2011), *Serval* (Mali, 2013), *Sangaris* (Zentralafrikanische Republik, 2013), *Chammal*

(Irak, 2014) sowie bei den Luftschlägen gegen Syrien (2018). Diese Informationspflicht greift allerdings nicht für dauerhaft stationierte Truppen, die auf der Grundlage bilateraler Abkommen im Ausland Dienst tun. Solche *forces de présence* (derzeit rund 3.700 Soldaten) sind in fünf Ländern stationiert (Djibouti, Elfenbeinküste, Gabun, Senegal und Vereinigte Arabische Emirate). In dieser Konstellation muss das Parlament den zugrunde liegenden völkerrechtlichen Vertrag gemäß Artikel 53 der Verfassung jedoch ratifizieren. So verhält es sich auch bei den Verteidigungsabkommen (*accord de défense*), die auf die Zeit der Dekolonisierung zurückgehen. Als mit der Unabhängigkeit der französischen Kolonien die sicherheitspolitischen Karten neu gemischt wurden, stellte Frankreich seine Militärpräsenz in Afrika auf neue rechtliche Füße, nämlich ein Netz aus militärpolitischen Abkommen: Von 1960 bis 1961 unterzeichnete Paris rund 20 Verträge mit vormaligen Kolonien über militärtechnische Assistenz (*accords d'assistance militaire technique et de soutien logistique*) und schloss zudem Abkommen zur Verteidigung (*accords de défense*) mit der Elfenbeinküste, Djibouti, Gabun, Kamerun, den Komoren, Senegal, Togo und der Zentralafrikanische Republik ab (vgl. Evrard 2016, S. 29ff.; Zajec 2018, S. 799). In veränderter und aktualisierter Form bestehen diese Verteidigungsabkommen auch heute noch mit den genannten acht afrikanischen Staaten, denen Frankreichs militärischer Beistand zugesichert wird (vgl. Dulait et al. 2006, S. 8f.). Sollte also einer der Vertragspartner die Verteidigungsklausel aktivieren, so kann Frankreich diesen Partner – nach eigenem Ermessen – auf der Grundlage kollektiver Verteidigung militärisch unterstützen. Diese Form der Truppenentsendung bedarf (nach erfolgter Ratifizierung des Abkommens) keiner weiteren Parlamentszustimmung und unterliegt auch keiner expliziten Informationspflicht nach Artikel 35 der Verfassung.

Bei EU-Militäroperationen verfügt das französische Parlament jedoch aufgrund spezifischer Verfassungsbestimmungen über weitreichende Informationsrechte: Die Regierung muss den Europaausschüssen des *Sénat* und der *Assemblée nationale* laut Artikel 88–4 der Verfassung alle dem Ministerrat vorgelegten EU-Rechtsakte weiterleiten (inklusive der nicht-legislativen Akte, die im Rahmen der Interparlamentarischen Konferenz für die Gemeinsame Außen- und Sicherheitspolitik [GSAP]/Gemeinsame Sicherheits- und Verteidigungspolitik [GSVP] angenommen werden) und um *ex ante* Freigabe von politischen Dokumenten bitten. Aus vergleichender Perspektive kann man daher sagen, dass französische Parlamentarier weit besser über EU-Militäraktivitäten informiert werden als es ihre deutschen Kollegen auf Grundlage des Gesetzes über die Zusammenarbeit von Bundesregierung und Deutschem Bundestag in Angelegenheiten der Europäischen Union (EUZBBG) sind (Art. 7 Abs. 1).

Sollte die Exekutive das Parlament über sein Informations- oder Verlängerungsrecht hinaus einbeziehen wollen, so kann sie gemäß Artikel 49–1 und 50–1 der Verfassung eine Debatte über einen (geplanten) Einsatz ansetzen; dies geschah beispielsweise 1991, bevor Truppen in den Golfkrieg entsandt wurden. Alles in allem gibt es aber wenig verfassungsrechtlich gebotene *ex ante* Einschränkungen von Truppenentsendungen. Das Parlament kann jedoch *ex post* über den budgetären Hebel Einfluss geltend machen, da es die Ausgaben für Militäreinsätze billigen muss. In der Tat werden über diesen Hebel politische Prioritäten diskutiert oder operative Ausrichtungen der *OPEX* (*Opérations extérieures*) angepasst. Dennoch ist die Rolle der Legislative verhältnismäßig schwach im Vergleich zu den umfangreichen Befugnissen der Exekutive – und die Judikative hält sich bei (extraterritorialen) Militäraktivitäten traditionell zurück.

Einblicke aus der jüngeren Praxis: völkerrechtskonforme Militärinterventionen

Doch auch wenn die Regierung extraterritoriale Auslandseinsätze als Exekutivprärogative einstuft, gibt es in jüngerer Zeit ein klar erkennbares Streben nach Völkerrechtskonformität. Paris bemüht sich seit Ende des Kalten Krieges und insbesondere seit Anfang der 2000er-Jahre für seine „robusten" Militäreinsätze flächendeckend um Kapitel VII-Mandate des Sicherheitsrates, welche eine Gewaltanwendung autorisieren (vgl. Chauveau und Gaymard 2015, S. 25; Gautier et al. 2016, S. 46f.; Zajec 2018, S. 800ff.). Nur in Einzelfällen werden andere völkerrechtliche Grundlagen angeführt, insbesondere die (kollektive) Selbstverteidigung. Diese Praxis – im Einklang mit der Triade von Frieden, Recht und rechtmäßiger Gewaltanwendung – soll im Folgenden anhand einiger seit 2010 durchgeführten *OPEX* belegt werden. Es sei angemerkt, dass eine militärische Intervention allgemein als rechtmäßig gilt, wenn sie auf einem VN-Mandat (unter Kapitel VII) beruht, unter dem Motiv der Selbstverteidigung stattfindet oder auf Einladung des betroffenen Staates erfolgt. Jedoch bergen die letzten beiden Konstellationen rechtliche Unwägbarkeiten, da die Rechtmäßigkeit eines Selbstverteidigungsaktes oder eines Eingreifens auf Einladung jeweils kontextspezifisch geprüft werden muss. Interventionen aus humanitären Motiven ohne Sicherheitsratsmandat werden völkerrechtlich ebenfalls kontrovers diskutiert.

Wenn auch in Deutschland umstritten, so erfolgten die Luftangriffe auf Libyen beispielsweise auf der Grundlage einer Kapitel VII-Resolution (VN-Sicherheitsratsresolution 1973 [2011]): Die *Opération Harmattan* (2011) wurde unmittelbar nach Annahme der besagten Resolution gestartet, welche die Mitgliedsstaaten dazu ermächtigte, eine Flugverbotszone über Libyen einzurichten und „alle notwendigen Maßnahmen" zum Schutz von Zivilisten zu ergreifen. In Mali wurden/werden die französischen Aktivitäten ebenfalls von einem Kapitel VII-Mandat gedeckt. Die *Opération Serval* (2013–14) wurde zwar auf Einladung der Übergangsregierung entsandt, beruhte aber schon bald auf einem Kapitel VII-Mandat (VN-Sicherheitsratsresolution 2100 [2013], Abs. 18). Die Folgeoperation *Opération Barkhane* (seit 2014), die sich der Terrorbekämpfung in der Sahelzone (Burkina Faso, Mali, Mauretanien, Niger und dem Tschad) widmet, stützt sich ebenfalls auf dieses Sicherheitsratsmandat und die erforderlichen Einladungen der beteiligten Staaten. In der Zentralafrikanischen Republik agierte Frankreich mit seiner *Opération Sangaris* (2013–16) ebenso auf der Grundlage eines Kapitel VII-Mandates (VN-Sicherheitsratsresolution 2127 [2013], Abs. 49–50). Was die noch andauernde *Opération Chammal* gegen Daech im Irak und in Syrien anbetrifft (seit 2014), argumentiert die französische Regierung, durch die Sicherheitsratsresolution 2170 (2014) zur Gewaltanwendung ermächtigt worden zu sein (VN-Sicherheitsratsresolution 2170 [2014], Abs. 5–6). Zugleich beruft sie sich auf ihr kollektives Selbstverteidigungsrecht nach Artikel 51 der Charta, inklusive für die Luftangriffe auf Syrien zur Bekämpfung von Daech (vgl. Représentant permanent de la France auprès de l'Organisation des Nations unies 2015; Le Drian 2015). Nach den Attentaten in Paris im November 2015 kommt laut französischer Regierung zur Rechtsgrundlage der kollektiven Selbstverteidigung noch die individuelle Selbstverteidigung nach Artikel 51 hinzu (vgl. VN-Sicherheitsrat 2015, S. 2). Was die Luftangriffe auf Syrien im Jahr 2018 infolge des Chemiewaffeneinsatzes des Assad-Regimes gegen die Zivilbevölkerung anbelangt, nennt Frankreich als Hauptgrund für die Intervention (implizit) die Rechtsdurchsetzung, was wiederum ins Triaden-Bild passt: Da Syrien sich selbst nicht an das Gewaltverbot hält und zudem nicht zur friedlichen Streitbeilegung zu bewegen ist, sieht sich Frankreich zusammen mit seinen Verbündeten dazu verpflichtet, dem Völkerrecht durch Gewaltanwendung zur Geltung zu verhelfen (vgl. Macron 2018).

Ein „Ausreißer" ist die *Opération Licorne* (Elfenbeinküste, 2002–2015). Die Operation wurde im September 2002 auf Bitten des damaligen Regierungschefs Laurent Gbagbo lanciert, der Frankreichs Beihilfe auf der Grundlage eines Verteidigungsabkommens anforderte. Ab Februar 2003 konnte sich die Intervention dann auch auf ein Kapitel VII-Mandat stützen (VN-Sicherheitsratsresolution 1646 [2003]). Die Aktivierung der Beistandsklausel durch Gbagbo versetzte Paris in eine schwierige geopolitische Lage, was letztlich dazu führte, die bestehenden Abkommen gründlich zu überarbeiten und dem Parlament zur Ratifizierung vorzulegen, um endgültig einen Schlussstrich unter *Françafrique* zu ziehen (vgl. Zajec 2018, S. 801, 803). Die Anpassung der Verträge ist ein weiteres Zeichen für Frankreichs Streben nach soliden völkerrechtlichen Grundlagen für seine Auslandseinsätze, die der multilateralen Wahrung oder Wiederherstellung von Frieden und Stabilität dienen sollen.

5 Fazit

Abschließend kann man sagen, dass der durch die französischen Pazifisten zur Jahrhundertwende entwickelte konzeptuelle Rahmen von Frieden durch Recht *und* Rechtsdurchsetzung bis heute fortbesteht. Demnach stützt sich die französische Konzeption von dauerhaftem internationalen Frieden weiterhin auf drei Säulen: Das generelle Gewaltverbot geht einher mit dem Zwang der Konfliktparteien zur friedlichen Streitbeilegung, wobei bei Missachtung der positivrechtlichen Verpflichtungen Sanktionen ergriffen werden können, inklusive der Gewaltanwendung mit dem Ziel der Rechtsbefolgung. Frankreich richtet seine Außenpolitik also durchaus nach der Maxime „Frieden durch Recht" aus, wobei neben der Rechts*setzung* und Rechts*entwicklung* auch die Rechts*erhaltung* und Rechts*durchsetzung* eine tragende Rolle spielen. Es gesellen sich zu genuin normativen Motiven folglich auch militärpolitische Erwägungen, die beide jedoch auf die Wahrung von Frieden und internationaler Sicherheit abzielen.

Literatur

Assemblée Générale de l'Association de la Paix par le Droit. 1934. Le pacifisme de la paix par le droit. *La Paix par le Droit* 44: 1–2.
Attar, Frank. 1994. *Le droit international entre ordre et chaos*. Paris: Hachette.
Blain, Christophe und Abel Lanzac. 2010. *Quai d'Orsay – chroniques diplomatiques (I)*. Paris: Dargaud.
Blain, Christophe und Abel Lanzac. 2011. *Quai d'Orsay – chroniques diplomatiques (II)*. Paris: Dargaud.
Blandin, Amandine. 2016. Article 35 de la Constitution: état de l'information du Parlement sur les interventions militaires à l'étranger. *Revue française de droit constitutionnel* 1 (105): 3–36.
Bruyère-Ostells, Walter. 2016. Outil militaire et politique africaine de la France depuis 1960: tableau historiographique et perspectives de recherche. *Relations internationales* 165: 3–21.
Centre de Doctrine d'Emploi des Forces (CDEF). 2015. 50 ans d'OPEX en Afrique (1964–2014). Ministère de la défense, Armée de Terre.
Chauveau, Guy-Michel und Hervé Gaymard. 2015. Engagement et diplomatie : quelle doctrine pour nos interventions militaires? *Rapport d'information* 156. Paris: Assemblée nationale.
Chirac, Jacques. 1995. Allocution de M. Jacques Chirac, Président de la République, prononcée lors des cérémonies commémorant la grande rafle des 16 et 17 juillet 1942 (Paris). http://www.jacqueschirac-asso.fr/archives-elysee.fr/elysee/elysee.fr/francais/interventions/discours_et_declarations/1995/juillet/fi003812.html. Zugegriffen: 15. Juli 2019.
Cohen, Samy. 2008. Le pouvoir politique et l'armée. *Pouvoirs* 125: 19–21.
Combacau, Jean und Serge Sur. 2016. *Droit international public*. 12. Aufl. Issy-les-Moulineaux: Lextenso éditions.

Conseil constitutionnel. 1971. *Décision du Conseil constitutionnel n° 71–44 DC (Liberté d'association) du 16 juillet 1971* FR:CC:1971:71.44.DC.
Conseil d'Etat. 2000. *Mégret*, du 5 juillet 2000, n° 206303 et 206965, publié au recueil Lebon.
Conseil d'Etat. 2010. *Société Touax*, du 23 juillet 2010, n° 328757, publié au recueil Lebon.
Cot, Pierre. 1929. La conception française de la lutte contre la guerre. *La Paix par le Droit* 39: 164–170.
Cyrulnik, Boris. 2012. *Sauve-toi, la vie t'appelle*. Paris: Odile Jacob.
Duhamel, Olivier. 2011. *Droit constitutionnel et institutions politiques*. 2. Aufl. Paris: Seuil.
Dulait, André, Robert Hue, Yves Pozzo di Borgo und Didier Boulaud. 2006. Sur la gestion des crises en Afrique subsaharienne. In *Rapport d'information n°450*, 64. Paris: Sénat.
Dupuy, Pierre-Marie. 2003. *L'Unité de l'ordre juridique international: cours général de droit international public*. Recueil des cours de l'Académie de Droit International de la Haye 297. Leiden: Martinus Nijhoff Publishers.
Evrard, Camille. 2016. Retour sur la construction des relations militaires franco-africaines. *Relations internationales* 165: 23–42.
Frankreich. 2018. Paris Call for Trust and Security in Cyberspace. https://www.diplomatie.gouv.fr/IMG/pdf/paris_call_cyber_cle443433-1.pdf. Zugegriffen: 15. Juli 2019.
Frankreich. 2019a. Why France wishes to regulate use of the veto in the United Nations Security Council. https://www.diplomatie.gouv.fr/en/french-foreign-policy/united-nations/france-and-the-united-nations-security-council/article/why-france-wishes-to-regulate-use. Zugegriffen: 15. Juli 2019.
Frankreich. 2019b. Cybersecurity: Paris Call of 12 November 2018 for Trust and Security in Cyberspace. https://www.diplomatie.gouv.fr/en/french-foreign-policy/digital-diplomacy/france-and-cyber-security/article/cybersecurity-paris-call-of-12-november-2018-for-trust-and-security-in. Zugegriffen: 15. Juli 2019.
Frankreich und Mexiko. 2015. Déclaration politique sur la suspension du veto en cas d'atrocités de masse, présentée par la France et le Mexique, ouverte à la signature des membres des Nations unies. https://onu.delegfrance.org/IMG/pdf/2015_08_07_veto_political_declaration_en.pdf. Zugegriffen: 15. Juli 2019.

Gautier, Jacques, Daniel Reiner, Jean-Marie Bockel, Jeanny Lorgeoux, Cédric Perrin und Gilbert Roger. 2016. Interventions extérieures de la France: renforcer l'efficacité militaire par une approche globale coordonnée. In *Rapport d'information n°794*, 278. Paris: Sénat.

Hollande, François. 2013. Déclaration de M. François Hollande, Président de la République, sur les défis et priorités de la communauté internationale notamment de l'ONU, à New York le 24 septembre 2013. http://discours.vie-publique.fr/notices/137002180.html. Zugegriffen: 15. Juli 2019.

Ingram, Norman. 1991. *The Politics of Dissent: Pacifism in France 1919–1939*. Oxford: Oxford University Press.

Ingram, Norman. 2002. Nous allons vers les monastères. French Pacifism and the Crisis of the Second World War. In *Crisis and Renewal in France 1918–1962*, hrsg. von Kenneth Mouré und Martin S. Alexander, 132–151. New York: Berghahn Books.

Jankowski, Barbara. 2008. Les relations armées-société en France. *Pouvoirs* 125: 93–107.

Kello, Lucas. 2017. *The Virtual Weapon and International Order*. New Haven: Yale University Press.

Kelsen, Hans. 1944. *Peace through Law*. Chapel Hill, NC: The University of North Carolina Press.

Köhler, Horst. 2010a. Mehr Respekt für deutsche Soldaten in Afghanistan, Deutschlandradio-Interview. https://www.deutschlandfunkkultur.de/koehler-mehr-respekt-fuer-deutsche-soldaten-in-afghanistan. Zugegriffen: 15. Juli 2019.

Köhler, Horst. 2010b. Erklärung von Bundespräsident Horst Köhler. http://www.bundespraesident.de/SharedDocs/Reden/DE/Horst-Koehler/Reden/2010/05/20100531_Rede.html;jsessionid=EB-6CBFF9F341C379E7EBB70B4A5E4630.2_cid293. Zugegriffen: 15. Juli 2019.

de Lacharrière, Guy. 1983. *La politique juridique extérieure*. Paris: Economica.

Le Drian, Jean-Yves. 2015. La France attaquera des "centres de formation de combattants étrangers" en Syrie. *Le Monde* vom 18.09.2015.

Lequesne, Christian und Ivan Sand. 2017. Ethnographie du Quai d'Orsay. Les pratiques des diplomates français. Entretien avec Christian Lequesne. *La revue géopolitique* vom 11.05.2017 *(diploweb.com)*.

Macron, Emmanuel. 2017a. Discours du président à l'ouverture de la conférence des Ambassadeurs (29.8.2017). https://www.elysee.fr/emmanuel-macron/2017/08/29/discours-du-president-de-la-republique-a-l-ouverture-de-la-conference-des-ambassadeurs. Zugegriffen: 15. Juli 2019.

Macron, Emmanuel. 2017b. Emmanuel Macron: le grand entretien. *Le Point, n°2347* vom 31.08.2017.

Macron, Emmanuel. 2018. Communiqué de presse du Président de la République sur l'intervention des forces armées françaises en réponse à l'emploi d'armes chimiques en Syrie (14.4.2018).

Macron, Emmanuel. 2019. Vœux aux armées du Président de la République, Toulouse-Francazal (7.1.2019). https://www.elysee.fr/emmanuel-macron/2019/01/17/voeux-aux-armees-2019. Zugegriffen: 15. Juli 2019.

Ministère des armées. 2018. Les chiffres clés de la Défense (juillet 2018), sondage IFOP-DICoD.

Ministère des armées. 2019. Déploiements opérationnels des forces armées françaises.

Moser, Carolyn. 2018. *EU Civilian Crisis Management – Law and Practice of Accountability*. Utrecht: PhD thesis.

Ostermann, Falk, Florian Böller, Flemming J. Christiansen, Fabrizio Coticchia, Daan Fonck, Anna Herranz Surrallés und Juliet Kaarbo. 2019. Voting on the Use of Armed Force: Challenges of Data Indexing, Classification, and the Value of a Comparative Agenda. In *Methods in defence studies. A pluridisciplinary handbook*, hrsg. von Delphine Deschaux-Dutard. London: Routledge, i. E.

Pannier, Alice und Olivier Schmitt. 2019. To fight another day: France between the fight against terrorism and future warfare. *International Affairs* 95: 897–916.

Payk, Markus M. 2018. *Frieden durch Recht? Der Aufstieg des modernen Völkerrechts und der Friedensschluss nach dem Ersten Weltkrieg*. Berlin: Walter de Gruyter.

Représentant permanent de la France auprès de l'Organisation des Nations unies. 2015. *Lettres identiques datées du 8 septembre 2015, adressées au Secrétaire général et au Président du Conseil de sécurité par le Représentant permanent de la France auprès de l'Organisation des Nations unies (S/2015/745), 9.9.2015*.

Røge, Pernille und Marion Leclair. 2012. L'économie politique en France et les origines intellectuelles de "La Mission Civilisatrice" en Afrique. *Dix-huitième siècle* 44: 117–130.
de Rohan, Josselin. 2011. La politique africaine de la France. *Rapport d'information n°324*, 40. Paris: Sénat.
Rougier, Antoine. 1910. La théorie de l'intervention d'humanité. *R.G.D.I.P.* XVII: 63.
Schmitt, Olivier. 2018. France. In *The Handbook of European Defence Policies and Armed Forces*, hrsg. von Hugo Meijer und Marco Wyss, 35–51. Oxford: Oxford University Press.
Sciences Po CEVIPOF. 2019. Baromètre de la confiance politique, du vague 10 janvier 2019, Q25.
Sciolino, Elaine. 2003. THREATS AND RESPONSES: DISCORD; France to Veto Resolution On Iraq War, Chirac Says. *New York Times* vom 11.03.2003
Security Council Report. 2015. *Veto – Research Report*. New York: Security Council Report.
Security Council Report. 2019. *The Security Council Veto*. New York: Security Council Report.
Smith, Etienne. 2017. Sous l'empire des armées. Les guerres africaines de la France. *Les Temps Modernes* 72: 4–27.
Starski, Paulina und Leander Beinlich. 2018. Der Amtshaftungsanspruch und Auslandseinsätze der Bundeswehr. Eine verfassungsrechtliche und rechtsvergleichende Betrachtung aus Anlass des Kunduz-Urteils des Bundesgerichtshofs. In *Jahrbuch des öffentlichen Rechts der Gegenwart* 66, 299–336. Tübingen: Mohr Siebeck.
Védrine, Hubert. 2004. Réflexions sur la réforme de l'ONU. *Pouvoirs* 109: 125–140.
de Villepin, Dominique. 2003. Discours prononcé à l'ONU lors de la crise irakienne, 14.2.2003. https://www.publicsenat.fr/lcp/politique/14-fevrier-2003-discours-dominique-villepin-contre-guerre-irak-22102. Zugegriffen: 15. Juli 2019
VN-Sicherheitsrat. 2015. *Record of the 7565th meeting of the Security Council, 20 November 2015, S/ P V.75 6 5*.
Weil, Prosper. 1992. *Le droit international en quête de son identité : cours général de droit international public*. Recuil des cours de l'Académie de la Haye 237. Leiden: Brill/Nijhoff.

Wyler, Eric. 2010. La paix par le droit. Entre réalité, mythe et utopie. In *International Law and the Quest for its Implementation: Liber Amicorum Vera Gowlland-Debbas*, hrsg. von Laurence Boisson de Chazournes und Marcelo Kohen, 467–488. Leiden: Brill.

Zajec, Olivier. 2018. French Military Operations. In *The Handbook of European Defence Policies and Armed Forces*, 797–812. Oxford: Oxford University Press.

Das Paradigma Frieden durch Recht im Völkerrechtsverständnis Russlands

Martina Haedrich

1 Einleitung

Gegenstand des Beitrages sind Argumentationslinien und -muster in der russischen Völkerrechtswissenschaft und Außenpolitik, die das russische Völkerrechtsverständnis ausmachen. Es wird gezeigt, dass auch heute noch das russische dem sowjetischen Völkerrechtsverständnis folgt, und dass weithin von einer Kontinuität im Denken ausgegangen werden kann. Charakteristisch für die russische Völkerrechtswissenschaft ist auch, dass ebenso wie in der sowjetischen Völkerrechtswissenschaft die Meinungen der Völkerrechtler nahezu identisch sind, mit den politischen Interessen und Zielen der Regierung übereinstimmen und früher wie heute mitunter konfrontativ, ja polarisierend zum Ausdruck gebracht werden.

Nach einem verallgemeinernden Überblick über das Völkerrechtsverständnis werden Positionen der sowjetischen Völkerrechtswissenschaft in den Blick genommen, die auch heute noch, in unterschiedlicher Weise und vielfältig gebrochen, auf das russische Völkerrechtsverständnis einwirken. Das gilt insbesondere für die Auffassung zum Grundsatz der Souveränität, der sich im Konzept des sozialistischen Internationalismus niederschlug und heute Parallelen zum Konstrukt des „Nahen Auslands" aufweist. In Bezug auf die globalen Beziehungen werden Ähnlichkeiten zwischen sowjetischem und russischen Völkerrechtsverständnis bei Auffassungen zur UNO und in der geringen Bereitschaft zu Reformen der Organisation und zur Rechtsfortbildung aufgezeigt.

2 Völkerrechtsverständnis als Ausdruck von Sichtweisen und Auffassungen

Allgemein drücken sich im Völkerrechtsverständnis politische, soziale und ökonomische Komponenten aus, die die völkerrechtlichen Normen in einen gesellschaftlichen Rahmen einordnen und diese von daher beurteilen. Anthea Roberts beschreibt die Unterschiede zwischen russischen Völkerrechtlern und Völkerrechtlern des Westens, die verschiedene Zugänge zu wissenschaftlichen Publikationen und Dokumenten haben. Sie beklagt, dass sie sich nicht allein wegen der Sprachbarrieren gegenseitig nur wenig zur Kenntnis nehmen. Vielmehr finden sie wegen der verschiedenen Herangehensweisen nur „few commonality and connection, despite ostensibly operating in the same field" (Roberts 2017, S. 7). Doch dürfte sich die Einschätzung mehr und mehr relativieren, denn zunehmend wird in russischen Fakultäten Fachliteratur in Englisch zur Kenntnis genommen und von russischen Völkerrechtlern in Englisch publiziert. So kann das russische Völkerrechtsverständnis im Hinblick auf aktuelle Themen und Problemstellungen umfangreich reflektiert werden. Etwas anderes ergibt sich in Bezug auf die russische Völkerrechtsdogmatik. Völkerrechtslehrbücher finden sich fast ausschließlich in russischer Sprache, sodass diese außerhalb Russlands nur sehr eingeschränkt wahrgenommen werden.

Im Übrigen hat Grigori Iwanowitsch Tunkin eine Beschränkung auf englische Völkerrechtsliteratur in den USA kritisiert. Er stellte während einer Vorlesung in Südkorea im Jahr 1993, kurz vor seinem Tod, fest, dass Völkerrechtler in den USA und diejenigen, die in den USA studiert haben, nur englische Literatur aufnehmen, aber auch, dass es der angelsächsischen Völkerrechtswissenschaft an theoretischen Darstellungen mangele, sie vor allem praktisch orientiert sei und sich das russische Völkerrecht gerade als theoretisch fundiertes Recht begreift (Butler und Tunkin 2012, S. 137; Müllerson 2013, S. 710ff.).

Das Völkerrechtsverständnis ist als Reflexion der Auffassungen in Wissenschaft und Politik zu begreifen. In der Wissenschaft werden die Normen unterschiedlich ausgelegt und durch Interpretation und Theorienbildung weiterentwickelt. Bei der mannigfaltigen Beschäftigung mit Konzepten und einzelnen Ideen ist die Völkerrechtswissenschaft stets Ausdruck eines Völkerrechtsverständnisses, das umso weiter begriffen und umso kritischer betrachtet werden muss, als Macht und Interessen darin Eingang finden. Stärker noch als in der Völkerrechtswissenschaft, finden sich in der Außenpolitik, das heißt in politischen Positionen und Stellungnahmen, machtgeleitete Argumentationsmuster, die auf das Völkerrechtsverständnis rückwirken. Martii Koskenniemi hat sich mit der politischen Natur des Völkerrechts beschäftigt und das Völkerrecht als zu politisch kritisiert, weil es zu stark von staatlicher Macht abhänge und sogar als deren Rechtfertigung diene (Koskenniemi 1990, S. 4ff.). Er fordert, sich mit Argumentationsmustern auseinanderzusetzen und das Völkerrecht stärker in seinen gesellschaftlichen Bezügen zu sehen (Koskenniemi 2015, S. 571). Dieser Befund gilt generell und ist nicht auf ein bestimmtes Völkerrechtsverständnis beschränkt. Cindy Wittke (2018, S. 5ff.) spricht, auf Koskenniemi Bezug nehmend, von „Politiken" des Völkerrechts.

3 Das sowjetische Völkerrechtsverständnis und das Prinzip des Friedens

3.1 Das Dekret über den Frieden als Proklamation außenpolitischer Prinzipien und konzeptioneller Ansatz eines Völkerrechts der friedlichen Koexistenz

Der erste Weltkrieg hatte den Untergang von vier Dynastien zur Folge – neben Deutschland und Österreich-Ungarn auch Russland und das Osmanische Reich. Das „europäische Zeitalter" wurde beendet, und das seit dem Wiener Kongress geltende Völkerrecht, das auf ein Konzert des Gleichgewichts der fünf Großmächte Russland, England, Frankreich, Österreich und Preußen gerichtet war, veränderte sich. Auf diese Periode, respektive auf die Zarenzeit kann hier nicht näher eingegangen werden, da dies den Rahmen des Beitrags sprengen würde. Stattdessen ist auf das Buch von Martin Aust (2017), „Die Russische Revolution: Vom Zarenreich zum Sowjetimperium" zu verweisen.

Durch die Herausbildung der Sowjetunion entwickelte sich ein bipolares Staatensystem gegenüber den westeuropäischen Staaten und den USA. Damit bestand eine neue Konstellation in den internationalen Beziehungen, die punktuell neue Akzente setzte. Eine neue Qualität in den internationalen Beziehungen war damit jedoch, anders als von der sowjetischen Völkerrechtswissenschaft verkündet, noch nicht auszumachen. Das Völkerrecht wurde als Mittel des Klassenkampfes gesehen und eingesetzt (vgl. Makarov 1936, S. 488).

Dies änderte sich mit dem Entstehen einer bipolaren politischen Ordnung nach dem Zweiten Weltkrieg. Neben der Sowjetunion wurden Weißrussland und die Ukraine wegen ihres großen Anteils an der Niederschlagung Nazideutschlands und der Beendigung des Zweiten Weltkrieges, trotz Eigenstaatlichkeit der Sowjetunion, Mitglieder der Vereinten Nationen. Daneben entstanden weitere Staaten mit einer sozialistischen Gesellschaftsordnung, die Aufnahme in die Vereinten Nationen fanden. Hinzu kamen die aus der Kolonialherrschaft befreiten neuen unabhängigen Staaten, die teilweise ebenfalls sozialistisch geprägt waren, sodass durch diese Veränderungen in der Zusammensetzung der internationalen Staatengemeinschaft sowie der dadurch bedingten veränderten Kräftekonstellation und der in der UNO-Charta verkündeten gemeinsamen Ziele von einer neuen Völkerrechtsordnung gesprochen werden kann.

Die Oktoberrevolution im Jahr 1917 kann als Zäsur gelten, die die bestehende internationale Ordnung nach dem Ersten Weltkrieg veränderte (vgl. Aust 2017). Im Verlauf der Oktoberrevolution verfasste Lenin mit dem Sieg der Bolschewiki das „Dekret über den Frieden", das eine wegweisende Proklamation außenpolitischer Prinzipien darstellte. Es fordert einen gerechten sowie demokratischen Frieden und insbesondere einen Frieden ohne Annexion und Kontributionen und ohne gewaltsame Angliederung fremder Völkerstämme (Lenin 1961, S. 239ff.). Die völkerrechtliche Bedeutung des Dekrets sah die sowjetische Völkerrechtswissenschaft darin, dass in diesem Dokument der gerechte Frieden aufgenommen wurde und neue Prinzipien des Völkerrechts formuliert wurden, die sich in der weiteren Entwicklung des Völkerrechts widerspiegelten (vgl. Potschkaeva 1967, S. 50). Mit der Begründung, dass in diesem Dokument Grundsätze und Ziele enthalten sind, die später zu international geltenden Rechtsprinzipien wurden, hat Steiniger das Dekret über den Frieden als die „Geburtsurkunde" des allgemein-demokratischen Völkerrechts bezeichnet (vgl. Steiniger 1967, S. 9).

In der Völkerrechtswissenschaft der ersten Jahre nach der Oktoberrevolution wurde das Nebeneinanderbestehen von Staaten unterschiedlicher Gesellschaftssysteme nur für ein kurzes Übergangsstadium angenommen. Der für die Anfangszeit der jungen Sowjetmacht bekannteste sowjetische Völkerrechtler Evgenij Korovin sprach von „imperialistischen Einkreisungen", die das Land erleben muss und dass das Völkerrecht von Staaten unterschiedlicher Gesellschaftssysteme nur für eine Übergangszeit gelten wird. In diesem Sinne gab Korovin seinem im Jahr 1929 verfassten Werk den Titel „Das Völkerrecht der Übergangszeit" (1929, S. 2). Für Korovin leitete das Völkerrecht dieser Zeit das Absterben des Staates und den Sieg der Weltrevolution ein. Die These von der Übergangszeit galt seit Beginn der 1930er-Jahre jedoch als überholt. Die Sowjetunion ging sodann von dem Bestehen von Beziehungen von Staaten unterschiedlicher Ordnungen aus, ohne dieses zeitlich zu begrenzen. Vielmehr wurden die außenpolitischen Realitäten anerkannt. Diese Phase wurde als Übergangsperiode vom Kapitalismus zum Sozialismus betrachtet und die friedliche Koexistenz als eine besondere Form des Klassenkampfes auf internationaler Ebene begriffen (vgl. Jegorov 1972, S. 216.).

Tunkin entwickelte angesichts der Ereignisse, durch die absehbar war, dass die Weltrevolution nicht bevorstand, das Konzept der friedlichen Koexistenz auf der Grundlage der Thesen Lenins als eine offene völkerrechtliche Theorie von einem gemeinsamen Völkerrecht für alle in der Welt existierenden Staaten, unabhängig von ihrem politischen Charakter. Er charakterisierte das Völkerrecht als allgemein-demokratisch, das von der Sowjetunion und den anderen sozialistischen Staaten wesentlich mitbestimmt wurde (Tunkin 1958, S. 42). Die Theorie von der friedlichen Koexistenz erkannte einerseits ein allgemein-demokratisches Völkerrecht an, aber auch ein Völkerrecht, das allein zwischen bürgerlichen Staaten zur Anwendung kommt sowie ein Völkerrecht zwischen den sozialistischen Staaten. In dieser Weise fand es auch Eingang in Art. 28 und 29 der Verfassung der Sowjetunion vom 7. Oktober

1977. Das Konzept der friedlichen Koexistenz ist die Essenz der wesentlichen Bestandteile der von Tunkin entwickelten Theorie des Völkerrechts im Übergang vom Kapitalismus zum Sozialismus. Die Hauptelemente der friedlichen Koexistenz nach Tunkin sind Auseinandersetzung und Koordination zwischen den Systemen und zwischen einzelnen Staaten der unterschiedlichen Systeme, die Abrüstung zum Friedenserhalt und die vollständige Abrüstung als wirksames Mittel der Friedensbewahrung. Die sowjetische Völkerrechtswissenschaft charakterisierte das zwischen Staaten mit unterschiedlichem sozialen Charakter geltende Völkerrecht in der Phase des Übergangs vom Kapitalismus zum Sozialismus als allgemein-demokratisch, das als rechtliches Instrument dazu diente, ein friedliches Nebeneinanderbestehen von Staaten unterschiedlicher gesellschaftlicher Ordnungen zu regeln. So sieht auch Tunkin seit den 1980er-Jahren ein normatives Modell des globalen internationalen Systems im Entstehen begriffen. Dabei hebt er nun ausdrücklich hervor, dass die Inhalte derartiger Normen weder sozialistisch noch kapitalistisch sind und vielmehr in deren Koexistenz bestehen (Tunkin 1985, S. 277). Mit der Verwendung des Begriffs „Global International System" lehnt sich Tunkin an den in der westlichen Literatur verwendeten Begriff „Global System" an.

Tunkin hat, wie die anderen sowjetischen Völkerrechtlicher, stets die Beziehungen zwischen den Staaten unterschiedlicher Ordnungen als klassenbedingt betrachtet. Auch ideologische Prägungen werden ausdrücklich angeführt. Interessant ist in diesem Zusammenhang die aktuelle Analyse Fuad Zarbiyevs, der am Beispiel der Erarbeitung der Wiener Vertragsrechtskonvention die Bedeutung der Interpretation der Textinhalte als „interpretative philosophy" herausstellt und dafür gerade Tunkin mit seiner Auffassung zustimmend anführt, der bei der Auslegung von Texten auch von der Bewältigung ideologischer Konflikte und von wertgeladenen (value-laden) Auseinandersetzungen spricht (vgl. Zarbiyev 2015,

S. 256). In der sowjetischen Literatur sind immer wieder Hinweise auf ideologisch bedingte Interessen des Völkerrechts zu finden. Es ist davon die Rede, dass die internationalen Beziehungen durch die Existenz sozialistischer Staaten antiimperialistische Züge tragen und damit eine Weiterentwicklung des Völkerrechts als „demokratisches gegenwärtiges Völkerrecht" erreicht worden sei (Kaljushnaja 1967, S. 26). Zudem, so wird eingeschätzt, würde die Stellung der westlichen Staaten durch die internationalen Akteure in Gestalt der Sowjetunion und der anderen sozialistischen Staaten in dem Maße schwächer, als das sozialistische Weltsystem an Stärke gewinnt. Dem folgt noch die Feststellung, dass der Einfluss nichtsozialistischer Länder, die die friedliche Koexistenz unterstützen, gegenüber den imperialistischen Staaten „unvergleichlich gewachsen" sei (Kaljushnaja 1967, S. 26).

3.2 Der Versuch der sowjetischen Völkerrechtswissenschaft, ein sozialistisches Völkerrecht zu etablieren

Es fehlte nicht an Versuchen der sowjetischen Völkerrechtswissenschaft, die völkerrechtlichen Beziehungen, die die sozialistischen Staaten untereinander eingingen, qualitativ höher als die Beziehungen zwischen Staaten unterschiedlicher Gesellschaftsordnungen zu klassifizieren. Die theoretischen Grundlagen sozialistischer Völkerrechtsnormen wurden schon früh durch David Lewin mit dem proletarischen/sozialistischen Internationalismus begründet (vgl. Lewin 1958, S. 86ff.). Die zwischen den sozialistischen Staaten existierenden Beziehungen wurden als solche neuen Typs charakterisiert. Der sozialistische Internationalismus wird in der sowjetischen Literatur als Ideologie der fortgeschrittensten Klasse – der Arbeiterklasse – zugerechnet, als wichtigstes moralisch-politisches sowie völkerrechtliches Prinzip des neuen Typs internationaler Beziehungen qualifiziert und als Bedingung für die Entstehung des sozialistischen Weltsystems betrachtet (vgl. Ussenko 1967, S. 72ff.). Betont wurde dabei, dass der sozialistische Internationalismus als moralisch-politisches Prinzip den Völkerrechtsprinzipien der Beziehungen zwischen den sozialistischen Staaten zugrunde liegt sowie den völkerrechtlichen Verträgen zwischen diesen Staaten immanent ist (Ussenko 1967, S. 73). Damit wurde dogmatisch das Bestehen sozialistischer Völkerrechtsnormen hergeleitet.

Theodor Schweisfurth hat in seinen Untersuchungen umfangreich begründet, dass eine von der sowjetischen Völkerrechtswissenschaft konstruierte Unterteilung in zwei Völkerrechtsordnungen in der Praxis nicht existiert (2000, S. 434ff.). Er hat mit dem Niedergang der Sowjetunion und des sozialistischen Staatensystems das Ende einer ideologisch geprägten und gegen die westlichen Staaten und ihre Völkerrechtstheorien und -praxis gerichtete Konzeption ausgemacht, die eine Bedrohung für die Einheit des Völkerrechts darstelle (Schweisfurth 2000, S. 434ff.). Nachgewiesen wird weiter, dass solche Konzepte stets mit ideologischen Einschätzungen, so des anti-imperialistischen Kampfes zur Etablierung des Grundprinzips der friedlichen Koexistenz, verbunden sind. Schweisfurth hat die Gefahren der auf Auflösung und Beseitigung gerichteten Ideologie des sozialistischen Internationalismus benannt, aber die Existenz ideologischer Komponenten in Völkerrechtstheorien nicht in Frage gestellt. Stets zielte das Konzept der Etablierung eines sozialistischen Völkerrechts mit ideologischen Einschätzungen darauf, ihm eine höhere Qualität im Vergleich zum allgemeinen Völkerrecht zuzuschreiben. Lauri Mälksoo (2015, S. 4) zeigt die Bemühungen der sowjetischen Völkerrechtswissenschaft auf, mit einem sowjetischen Konzept des Völkerrechts das allgemeine Völkerrecht und die sozialistischen Völkerrechtsnormen zu unterscheiden, und charakterisiert diese Auffassung treffend als „unique and idiosyncratic" sowie „anti-Western".

3.3 Das besondere Souveränitätsverständnis in der sowjetischen Völkerrechtswissenschaft

Im Verhältnis zwischen den sozialistischen Staaten galt nicht das sonst von der Sowjetunion strikt verstandene Souveränitätsprinzip, sondern das Prinzip des sozialistischen Internationalismus (vgl. Trültzsch 2015, S. 89), das das Souveränitätsprinzip in sich aufnehme und im internationalistischen Sinne modifiziere. Diese Modifizierung sollte die Unterordnung der sozialistischen Staaten unter die Sowjetunion innerhalb der sogenannten sozialistischen Staatengemeinschaft bewirken. Die Bekämpfung des Aufstandes in der DDR im Jahr 1953 durch die sowjetische Armee, der Einmarsch der Sowjetunion und ihrer Bündnispartner 1956 in Ungarn und 1968 in der CSSR wurden mit einer zwischen den sozialistischen Staaten existierenden gesetzmäßigen Verbindung gerechtfertigt. Bei E. T. Ussenko wird deutlich, dass das Prinzip der Souveränität sozialistischer Staaten Unterwerfung einschließt. Er fasst nicht nur die innere und äußere Unabhängigkeit der Staaten darunter, sondern auch die Forderung nach enger Freundschaft und brüderlicher Hilfe als Spezifik eines sozialistischen Souveränitätsprinzips. Mit gegenseitiger brüderliche Hilfe, die auf wechselseitige Hilfeleistung „im Kampf gegen den Imperialismus und den Sieg des Sozialismus und Kommunismus" gerichtet war (Ussenko 1967, S. 81), wurde das Souveränitätsprinzip des allgemeinen Völkerrechts aufgebrochen und wirkungslos gemacht. Das Prinzip der sozialistischen gegenseitigen Hilfe/brüderlichen Hilfe ist damit nichts anderes als das Recht auf Einschreiten nach den Maßgaben des sozialistischen Internationalismus, wenn dieser in Frage gestellt wird, das heißt wegen drohender Konterrevolution. Die Interventionen rechtfertigende Doktrin des sozialistischen Internationalismus wurde durch die Breschnew-Doktrin konkretisiert, die ausdrücklich die Bedrohung von Innen und Außen anführt. Unter Verweis auf allgemeine Gesetze des sozialistischen Aufbaus fand sie Anwendung, wenn Kräfte, die dem Sozialismus feindlich gegenüber stehen und die sozialistische Gemeinschaft bedrohen, aktiv werden. Eine Bedrohung solcherart rechtfertigte militärischen Beistand, mithin militärische Interventionen durch die Staaten des sozialistischen Lagers (Breschnew 1968, S. 3ff.). Schweisfurth (1979, S. 560) begreift dieses Verständnis der Hilfeleistung nach den Prinzipien des sozialistischen Internationalismus als „Subordination der einzelnen sozialistischen Staaten unter die UdSSR und KPdSU.

Die Widersprüche der als sozialistisch apostrophierten Völkerrechtsprinzipien im Verhältnis zu den Prinzipien des allgemeinen Völkerrechts waren unübersehbar. Das galt sowohl für das staatliche Souveränitätsprinzip, aber auch für das Prinzip der Gleichberechtigung, der Achtung der territorialen Integrität und der Nichteinmischung. Prinzipien des allgemeinen Völkerrechts, wie die Gleichberechtigung und Unabhängigkeit, wurden an die Einheit des sozialistischen Lagers gebunden und Freundschaft und gegenseitige Hilfe auf den Sieg des Sozialismus gerichtet. So findet sich in der nach dem Ungarn-Aufstand verfassten Deklaration zwischen der Sowjetunion und der ungarischen Volksrepublik der Passus, dass den „sowjetisch-ungarischen gleichberechtigten Beziehungen die vom Geist des proletarischen Internationalismus durchdrungene allseitige Sorge um das Wohl der Werktätigen beider Länder zugrunde liegt" (Deklarazii sajawlenija i kommunikje Sowjetskowo prawitelstwa s prawitelstwami inostrannych gosudarst, Moskau 1957, S. 90) und damit eine unverhohlene Rechtfertigung von Interventionen bei Unruhen und Erhebungen der Bevölkerung. Das Prinzip der sozialistischen gegenseitigen Hilfe wird von

Ussenko als neues und eigenständiges Prinzip bezeichnet, das der „vorsozialistischen Gesellschaft unbekannt war" (1967, S. 84). So war in Art. 3 Warschauer Vertrag verankert, dass die Vertragsstaaten dann, wenn nach Meinung einer der Seiten „die Gefahr eines bewaffneten Überfalls auf einen oder mehrere Teilnehmerstaaten entsteht", sich die Staaten unverzüglich beraten und gemäß Art. 5 auch andere vereinbarte Maßnahmen ergreifen, um die friedliche Arbeit ihrer Völker zu schützen (Warschauer Vertrag vom 15. Mai 1955, S. 562ff.). Insgesamt ist ersichtlich, dass rechtsdogmatisch wie rechtspraktisch der sozialistische Internationalismus dem allgemeinen Völkerrecht entgegengestellt wurde.

4 Das russische Souveränitätsverständnis

4.1 Das Verhältnis Russlands zum „Nahen Ausland"

Der Widerspruch zwischen der Anwendung des allgemeinen Völkerrechts auf globaler und regionaler Ebene in der Sowjetära ist nicht verschwunden, sondern taucht regional vielmehr unter dem Konstrukt des „Nahen Auslands" auf. Der Begriff „Nahes Ausland" soll eine besondere Stellung der früheren Sowjetrepubliken im Verhältnis zu Russland zum Ausdruck bringen: die Souveränität dieser Staaten wird beschnitten und eine Renationalisierung angestrebt. Im Gegensatz zu den globalen Vorstellungen Russlands, die es in der UNO umsetzen will und zum strikten Souveränitätsverständnis, stehen die Auffassungen zur regionalen Außenpolitik, in der sich Russland gegenüber dem „Nahen Ausland", das heißt den Nachbarstaaten, die ebenfalls aus der Sowjetunion hervorgingen, als Führungs- beziehungsweise Vormacht begreift und damit autoritäre und die Souveränität begrenzende Tendenzen zeigt. Es ist im Hinblick auf die Gemeinschaft Unabhängiger Staaten (GUS) in Ziff. 49 der Außenpolitischen Konzeption von 2016 (AK) von regionalen Prioritäten die Rede, und es wird betont, dass die politischen, wirtschaftlichen und geistigen Bindungen zu den Nachbarstaaten, wie zur Ukraine, zu entwickeln (AK, Ziff. 56) sowie die Republiken Abchasien und Südossetien zu fördern (AK, Ziff. 57) und die Beziehungen zu Georgien zu normalisieren sind (AK, Ziff. 59). Damit wird zum Ausdruck gebracht, dass die so bezeichneten regionalen Prioritäten den weiten Handlungsspielraum Russlands gegenüber dem „Nahen Ausland" begründen und rechtfertigen sollen.

Die Abtrennung Abchasiens und Südossetiens von Georgien wird als Maßnahme des Schutzes dort lebender russischer Staatsbürger verstanden und soll besondere Bindungen und Eingriffe in die Hoheitsrechte legitimieren (vgl. Closson und Halbach 2008, S. 8). Auf diese Weise ergibt sich eine Kette von Rechtfertigungshandlungen gegenüber Staaten, die als Sowjetrepubliken Teil der Sowjetunion waren und für die sich, nach Auffassung Russlands, besondere Beziehungen ergeben, aus denen sich Ansprüche herleiten ließen. Von gemeinsamer Tradition, Kultur und Religion ist die Rede, die Anknüpfungspunkte für Vereinnahmung böten. Verbunden damit sind Ausnahmen und Abweichungen vom Völkerrecht der Gegenwart, insbesondere im Hinblick auf das Prinzip der souveränen Gleichheit, des Nichteinmischungsverbots und der territorialen Integrität gegenüber dem „Nahen Ausland", die in das System des Völkerrechts eingreifen.

Mit dem Konstrukt des „Nahen Auslands" werden von Russland die GUS-Staaten, aber auch die Ukraine und Georgien erfasst, die die GUS verlassen haben. Ihre Staatlichkeit wird nicht als vollwertig betrachtet und ihnen eine Sonderstellung bescheinigt, die vor allem historisch-kulturell begründet sei und Abhängigkeiten gegenüber Russland als dem „Mutterland" erzeugen (vgl.

Dornblüth 2015, S. 1). Dies ist Ausdruck einer autoritären Haltung und eines autoritativen Rechtsverständnisses. Ohne Umschweife hat Dmitri Medwedew (von 2008–2012 Präsident Russlands und seitdem Ministerpräsident der Russischen Föderation) das „Nahe Ausland" als Region angeführt, an der Russland „privilegierte Interessen" hat (Medwedew 2008, https://archive.kremlin.ru/eng/speeches/2008/08/31/1850_type82912_2006003.shtml). Die Geltung grundlegender Prinzipien des Völkerrechts sollen unter Berufung auf eine vermeintliche besondere Nähe zwischen Russland und dem „Nahen Ausland" relativiert werden.

Die Position zum „Nahen Ausland" besitzt Parallelen zur Breschnew-Doktrin 1968 (siehe 3.3). Der Doktrin folgend standen die Staaten unter Oberhoheit der sowjetischen Regierung und der KPdSU. Bei einem angenommenen Verstoß gegen die Breschnew-Doktrin und das Prinzip des sozialistischen Internationalismus durch einen sozialistischen Staat sollte eine militärische Intervention durchgeführt werden. Nach diesem Muster erfolgte auch die Intervention gegenüber der Ukraine durch Russland (Stratievski 2016, S. 1ff.). Olga Alexandrova führt mit bis heute gültigen Belegen an, dass sich eine russische Integrationspolitik für diese Staaten auf politische, wirtschaftliche und militärische Aspekte erstreckt, jedoch kein einheitliches Konzept für deren Umsetzung besteht (1995, S. 4).

Die GUS-Staaten, die unter der Sowjetunion nicht souveräne Teile waren, besitzen heute vollumfänglich Souveränität. Eine Begrenzung der Souveränität, so wird von Dmitri Trenin (2008, S. 2) eingeschätzt, kann nur funktionieren, wenn sie von den GUS-Staaten selbst akzeptiert wird und Einfluss und Einwirkung Russlands wirtschaftlichen Fortschritt und politische Sicherheit in diesen Ländern mit sich bringen.

Frieden durch Recht im Völkerrechtsverständnis Russlands 135

4.2 Die Krim-Annexion als Kulmination der Vereinnahmung

Als Beispiel für die Negierung der Souveränität kann die Vereinnahmung der Krim durch Russland verstanden werden. Eindeutig völkerrechtswidrig ist nicht nur die militärisch herbeigeführte Annexion der Krim durch Russland. Auch der Anspruch auf die Straße von Kertsch, die Behinderung der ukrainischen Schiffe und die Beanspruchung des gesamten Asowschen Meeres als Hoheitsgewässer verstoßen gegen Völkerrecht. Hier liegen Verstöße gegen Völkergewohnheitsrecht, das Seerechtsübereinkommen sowie bilaterale Abkommen zwischen Russland und der Ukraine aus dem Jahr 2014 vor. Inzwischen hat der Internationale Seegerichtshof die Freigabe der ukrainischen Schiffe und die Übergabe der ukrainischen Soldaten durch Russland verlangt (https://www.Zeit.de/politik/ausland/2019-05/internationaler-seegerichtshof-ukraine).

Die Übernahme der Kontrolle Russlands über die Krim durch russische Truppen verstößt insbesondere gegen das Verbot der Androhung und Anwendung von Gewalt. Bezüglich des Vorwurfs der Verletzung des Gewaltverbots führen russische Völkerrechtler als Rechtfertigung die Militäreinsätze im Kosovo, im Irak und in Libyen an. Das Engagement der NATO im Kosovo wird als Präzedenzfall betrachtet. Anatoly Kapustin, Präsident der russischen Vereinigung für Internationales Recht und Direktor am Institut für Gesetzgebung und Recht in Moskau, verfasste im Juni 2014 einen Rundbrief, der aus einer Konferenz mit Vertretern der Diplomatenakademie hervorgegangen ist (https://www.ilarb.ru/html/news/2014/5062014.pdf). Die Aussagen folgen ohne jede Einschränkung der regierungsoffiziellen russischen Position zu den Vorgängen auf der Krim und unterstützen die Vereinnahmung durch Russland. In einem für eine offizielle Verlautbarung einer wissenschaftlichen Vereinigung von Völkerrechtlern ungewöhnlich konfrontativen und polarisierenden Stil ist von einer Nichtachtung des Willens der Bevölkerung der Krim bei der Ausübung ihres Selbstbestimmungsrechts und von einem rechtswidrigen blutigen Putsch nach dem Sturz eines ordnungsgemäß an die Macht gelangten Präsidenten durch ein faschistisches Regime die Rede. Damit seien das Referendum und die Unabhängigkeitserklärung auf der Krim rechtmäßig. Zur Rechtfertigung wird die Verabschiedung der Unabhängigkeitserklärung auf der Krim angeführt und dargelegt, dass der Internationale Gerichtshof in Bezug auf den Kosovo in einem Gutachten feststellte, dass die Verabschiedung einer Unabhängigkeitserklärung keinem völkerrechtlichen Verbot unterliegt. In einem Aufsatz zum Selbstbestimmungsrecht der Krimbevölkerung hat Kapustin in einem Beitrag, der im Zusammenhang mit einem Symposium zum Thema „The Incorporation of Crimea by the Russian Federation in the Light of International Law" des Max-Planck-Instituts in Heidelberg entstand, die Vereinnahmung der Krim durch Russland ebenfalls als rechtmäßig und von der Souveränität gedeckt, bejaht und sich mit Stimmen westlicher Völkerrechtler auseinandergesetzt (Kapustin 2015, S. 101ff.). Gerade an den Auffassungen zur Souveränität lässt sich etatistisches Denken nachweisen, auch geäußert von einem jüngeren Mitglied der Moskauer Diplomatenakademie (Moiseev 2009, S. 70), der die Annexion der Krim prononciert als Folge der russischen Souveränität und eines daraus abgeleiteten historischen Anspruchs als legitim betrachtet (Moiseev 2015, S. 47ff.). Ersichtlich ist hier, dass die Ideen der Völkerrechtler aus der Sowjetzeit, von denen einige noch immer aktiv sind, wachgehalten und weitergetragen werden. Andererseits – und darauf weist Maria Issaeva, eine junge Moskauer Rechtsanwältin, hin – existiert eine Gruppe jüngerer Völkerrechtler in Russland, die „under the pressure of a system originally designed to reproduce unified thought rather than engender independent thinkers" arbeiten (2015, htpps://www.ejitalk.org/does-russian-international-academic-future/).

5 Die Russische Föderation als Fortsetzerstaat der Sowjetunion und das Friedensvermächtnis

5.1 Das Selbstverständnis der Stellung Russlands in den Vereinten Nationen

Die Russische Föderation hat mit dem Minsker Gründungsabkommen der GUS im Jahre 1991 den Vertrag über die Gründung der UdSSR von 1922 gekündigt. Mit der Alma Ata-Deklaration von 1991 wurde sodann die Auflösung der UdSSR erklärt. Dennoch, und das ist ein Widerspruch in sich, wird davon ausgegangen, dass Russland seine Rechtssubjektivität als Staat nie verloren hat, aber durch die UdSSR völkerrechtlich mediatisiert wurde, so dass sie als mit sich selbst identisch betrachtet werden kann (Epping 2018, S. 185, Rn 210). Andererseits ist die Sowjetunion durch Dismembration ihrer ursprünglichen Gliedrepubliken auch als Völkerrechtssubjekt untergegangen. Diese erhielten selbst Völkerrechtssubjektivität, sodass Russland die völkerrechtliche Stellung wiedererlangt hat, die es mit Gründung der Sowjetunion aufgegeben hatte (Epping 2018, S. 249, Rn 40). Anstelle der Sowjetunion nimmt nunmehr die Russische Föderation dieselben Aufgaben wahr. In der Liste der Mitgliedsstaaten der Vereinten Nationen von 1992 wird der 24. Oktober 1945, das heißt der Tag der Aufnahme der Sowjetunion in die Organisation, angeführt und lediglich der Name Sowjetunion durch Russische Föderation ersetzt (United Nations, List of Member States, http://www.un.org/en/memberstates/index.html). Die Russische Föderation ist formell Fortsetzerstaat, hat aber auch nie mit dem außenpolitischen Konzept der Sowjetunion gebrochen, sondern begreift sich als deren Erbe.

Der erste Präsident der Russischen Föderation, Boris Jelzin, unterbreitete dem UN-Generalsekretär am 24. Dezember 1991 ein

Schreiben, in dem er mitteilte, dass die Mitgliedschaft der Sowjetunion im Sicherheitsrat und den anderen Organen beibehalten wird, dass dies mit Unterstützung aller elf GUS-Staaten geschehe und schließlich, dass die Rechte und Pflichten der Sowjetunion aus der UN-Charta aufrecht erhalten bleiben. Von Seiten der UN-Mitgliedsstaaten gab es dagegen keine Einwände. Damit war Russland formell als Fortsetzerstaat anerkannt. In der Literatur finden sich auch vereinzelt Auffassungen, wonach die Russische Föderation mit der Sowjetunion identisch sei und sich daraus die Begründung für die nahtlose Fortführung der Mitgliedschaft in den Vereinten Nationen und insbesondere im Sicherheitsrat ergäbe (Weyer 1992, S. 166ff.).

5.2 Die besondere Stellung als ständiges Sicherheitsratsmitglied

Russland betrachtet die Vereinten Nationen als das wichtigste internationale Handlungsfeld, in dem es die zentrale Rolle zur Koordinierung der internationalen Beziehungen einnimmt (AK, Ziff. 24). Begründen lässt sich das Interesse Russlands an den Vereinten Nationen insbesondere mit seiner Stellung als ständiges Sicherheitsratsmitglied, die ihm breiten Einfluss auf die Gestaltung der internationalen Beziehungen sichert, aber auch Möglichkeiten einräumt, Handlungen der UNO zu blockieren. Günther Unser belegt eine „durchgehende Kontinuität" der sowjetischen und russischen UN-Politik am „Festhalten an der herausgehobenen Stellung des Sicherheitsrats" (Unser 2000, S. 37). Durch den permanenten Sitz und mit seinem Vetorecht hat Russland stets Einfluss auf die Lösung beziehungsweise Verhinderung von Konflikten und auf globale Fragen, aber auch auf die Möglichkeit, die Machtansprüche der USA zu beschneiden. So erfolgte eine De-Legitimierung der

USA mit dem gescheiterten Versuch, den Einmarsch im Irak im Jahr 2003 durch den Sicherheitsrat zu beschließen.

5.3 Ein Plädoyer für die Autorität der UNO

Russland betont in seinen Verlautbarungen, dass die Ziele und Grundsätze der Vereinten Nationen unerschütterlich sind, die die Ergebnisse des Zweiten Weltkriegs zum Ausdruck bringen. In ähnlicher Weise führte die sowjetische Völkerrechtswissenschaft die in der UN-Charta verankerten Grundprinzipien als Resultat der Konferenzen der Alliierten nach dem Zweiten Weltkrieg und der friedlichen Koexistenz auf (Tunkin 1985, S. 275). Nur gefestigte und lang bewährte Regeln, so die russische Position, können an neue Gegebenheiten angepasst werden (AK, Ziff. 24 a), das heißt, nur Konsolidierung und allenfalls Angleichung bestehender Regelungen werden erstrebt. Diese Position wurde von Wladimir Putin auf der 70. Generalversammlung der Vereinten Nationen am 28. September 2015 vorgetragen und verdeutlicht, dass nur unter der Voraussetzung eines allgemeinen Konsensus eine Weiterentwicklung von Regeln möglich ist und Versuche, die Autorität und Legitimität der UNO zu zerstören, strikt verurteilt werden. Putin nutzte auch die Generalversammlung, Blockdenken aus der Zeit des Kalten Krieges und den Versuch, neue geopolitische Räume anzueignen sowie die Expansion der NATO in Richtung Osten zu vollziehen, zu kritisieren. Angesichts der Tatsache, dass zuvor im Jahr 2014 die Krim-Annexion durch Russland erfolgte, muten diese Vorwürfe als Rechtfertigung für eigenes Handeln an.

Nach dem Zusammenbruch der Sowjetunion im Jahr 1991 folgte Russland unter der Jelzin-Ära mehr oder weniger strikt, aber unter Putin konsequent, dem sowjetischen Völkerrechtsverständnis, das der geopolitischen Situation seit 1945 verhaftet blieb.

Es ist ohne „Schonfrist [...] in die weltpolitischen Fußstapfen der Sowjetunion" getreten (Unser 2000, S. 9) und bemüht sich, an die nach dem Zweiten Weltkrieg außenpolitisch starke Stellung und an den Grundkonsens der Alliierten aus jener Zeit anzuknüpfen (vgl. Brock 2019, S. 143).

Die russische Regierung beklagt eine Verschärfung der Widersprüche auf internationaler Ebene, die einen gesteigerten Wettkampf der Werte einschließen (vgl. Haedrich 2019, S. 142). Entschieden wird das Aufzwingen westlicher Werte durch den Westen abgelehnt, doch eigene russische Werte werden nicht aufgeführt (AK, Ziff. 5). Vielmehr wird deutlich gemacht, dass die Außenpolitik Realpolitik darstellt, die politische Eigenständigkeit Russlands und seine Stellung als Großmacht (derschawnost) betont. Die Fortsetzung eines selbständigen und unabhängigen Kurses unter Hervorhebung der nationalen Interessen wird herausgestellt (AK, Ziff. 21). Das bedeutet Abgrenzung von den USA und der NATO, aber auch Kooperation mit allen, die an einer starken internationalen Ordnung arbeiten. Dabei wird ein Höchstmaß an Pragmatismus und Flexibilität bei der Auswahl der Partner gefordert (Miller und Lukyanow 2016, S. 29). In der AK plädiert Russland für Multilateralität und positioniert sich gegen die USA, die, so der Vorwurf, die Vereinten Nationen gerade nicht als zentralen Ort zur Gestaltung internationaler Beziehungen betrachten und ein Konzept der Unilateralität und Unipolarität verfolgen (vgl. Makarychew und Morozow 2013, S. 328ff.). Das Primat des Rechts in den internationalen Beziehungen wird immer wieder betont, insbesondere, um sich gegen Versuche zu wehren, allgemeingültige Grundsätze des Völkerrechts zu revidieren (AK, Ziff. 26b). Als Verletzung des Grundsatzes der souveränen Gleichheit der Staaten werden Formen der Einmischung unter dem Vorwand der Umsetzung des Konzepts der *Responsibility to Protect* angeführt (AK, Ziff. 26 c).

5.4 Das schwierige Verhältnis zur Rechtsfortbildung

Russland stimmt den offiziellen UN-Dokumenten zu, in die das Konzept der *Responsibility to Protect* in abgeschwächter Form Eingang gefunden hat (UN-Doc. A7RES 60/1 vom 16. September 2005, Ziff. 138 und 139). Spätestens mit der Libyen-Resolution des Sicherheitsrats im Jahr 2011, bei der Russland Stimmenthaltung übte, sah Russland die Gefahr des Missbrauchs dieses Konzepts. Russland hat stets herausgestellt, dass die Verantwortung zum Schutz der Bevölkerung primär bei den betroffenen Staaten liegt. Immer wieder macht Russland deutlich, dass die Anerkennung des Konzepts der *Responsibility to Protect* nicht über die offiziellen UN-Dokumente hinausgehen darf (vgl. Informal Interactive Dialogue on the responsibility to protect at the General Assembly 2013). In einer Stellungnahme der Russischen Föderation im Sicherheitsrat vom 6. September 2016 wird ausdrücklich die Situation in Libyen im Jahr 2011 angeführt und dargelegt, dass die Umsetzung der Resolutionen des Sicherheitsrats zu einer Verschlechterung der Situation in Libyen geführt hat und dass es sich im Ganzen beim Zustandekommen der Dokumente zur *Responsibility to Protect* um einen fragilen Konsens handele (vgl. Statement delivered by Russia 2016).

Russland vermag durch seine relative Stärke als ständiges Sicherheitsratsmitglied mit seinen Rechtspositionen Einfluss auf die Völkerrechtsordnung zu nehmen. Dabei besteht wohl weniger die Gefahr, dass durch das Völkerrechtsverständnis Russlands Rechtsnormen, wie das Gewaltverbot oder das Selbstbestimmungsrecht auf dem Spiel stehen (vgl. Schaller 2018, S. 33), als vielmehr die Entwicklung dieser und weiterer Völkerrechtsnormen, wie das Prinzip der souveränen Gleichheit oder das Interventionsverbot, behindert werden und auch der Menschenrechtsschutz im Falle einer Friedensbedrohung oder -verletzung nicht in der Weise gestärkt und gefördert werden kann, wie es die humanitären Verpflichtungen der Staaten bei systematischen und schweren Menschenrechtsverletzungen erfordern. Kotlyar (2014, S. 189) betrachtet dieses Konzept als eines der westlichen Staaten. Russland hat im Zusammenhang mit der Libyen-Intervention der NATO von einem offensichtlichen Missbrauch der *Responsibility to Protect* gesprochen. Es befürchtet damit Eingriffe in die Souveränität anderer Staaten, insbesondere aber die Anwendung der *Responsibility to Protect*-Regelungen im „Nahen Ausland" oder den baltischen Staaten durch westliche Staaten (Baranowski und Mateiko 2016, S. 49ff.). Umgekehrt aber, und darin zeigt sich die widersprüchliche Haltung, zieht Russland auch die *Responsibility to Protect* zur Rechtfertigung seiner Aktivitäten in Südossetien und Abchasien sowie auf der Krim heran. Der gegen den Westen erhobene Vorwurf des *double standard* gilt ebenso für Russland selbst.

Auch im Hinblick auf die humanitäre Zusammenarbeit und die Menschenrechte kommt in der AK eine restriktive Haltung zur Förderung der Entwicklung von Völkerrechtsnormen zum Ausdruck, indem dem Bekenntnis zu universalen demokratischen Werten sogleich die Gefahr entgegengehalten wird, Menschenrechtskonzeptionen als Instrumente des politischen Drucks und der Einmischung mit dem Zweck der Destabilisierung und des Sturzes legitimer Regierungen einzusetzen (AK, Ziff. 45 b). Mit diesem Verständnis verhält sich Russland gegen die Verpflichtung zur internationalen Zusammenarbeit bei massiven Menschenrechtsverletzungen und der Feststellung der Völkerrechtswidrigkeit (Draft Articles on Responsibility of State for International Wrongful Acts 2001, Art. 42 Abs. 2) und damit auch gegen die Herausbildung einer allgemeinen Völkerrechtsnorm. Auch hier ist eine Linie zu den Auffassungen der sowjetischen Völkerrechtswissenschaft und Außenpolitik zu erkennen, die auf dem Souveränitätsdogma beharrte. Gefordert wird die Gestaltung internationaler Beziehungen unter dem Primat des Völkerrechts und durch Koordinierung der UNO (AK, Ziff. 2 e), ohne dass eine Öffnung des Souveränitätsprinzips zu erkennen wäre. Betont wird, dass die meisten Staaten diese Ziele ebenfalls verfolgen, doch die USA weder auf das Primat des Völkerrechts noch auf die Einbindung in das UNO System setzen. Die Bedeutung der UNO wird immer wieder herausgestellt und als alternativlos betrachtet (AK, Ziff. 24). Dies wird mit Blick auf die UNO insgesamt, aber besonders unter Bezug auf die Tätigkeit des Sicherheitsrats herausgestellt. Es wird gefordert, die Effizienz des Sicherheitsrates zu erhöhen, ohne aber den Status der fünf ständigen Sicherheitsratsmitglieder zu verändern (AK, Ziff. 24 b). Das ist ein klares Plädoyer für die Aufrechterhaltung der bestehenden Ordnung, in der die führenden Großmächte, zu denen Russland zugehörig sein möchte, die Geschicke bestimmen. Deutlich wird das in der Aussage, dass eine Steuerbarkeit der internationalen Entwicklung eine kollektive Führung der wichtigsten Staaten erfordert (AK, Ziff. 24 b). Russland setzt sich mit dieser Position auch vom Gegenkonzept der USA, der Unipolarität, ab. Der russische Außenminister Sergey Lawrow hat im Jahr 2017 beklagt, dass die USA auf illegitime Methoden zurückgreifen und das „Gefühl der eigenen Ausschließlichkeit" im Sinne der Rechtfertigung von Alleingängen vermittelten. Strikt wird von ihm jegliche Modifizierung der UNO-Charta abgelehnt und in scharfem Ton festgestellt, dass „eine kriegerische Offensive gegen das moderne System des internationalen Rechts" zu beobachten ist (Foreign Minister Sergey Lavrov remarks at the 73nd session of the UN General Assembly, 28 September 2018, www.mid.ru/en/foreign-policy/news/-/asset-publish). Hier, wie auch in anderen Verlautbarungen russischer Repräsentanten, tut sich ein gewisser Widerspruch auf, wenn Russland einmal die Aufrechterhaltung bestehender Ziele, Grundsätze und Normen der UN-Charta als unabdingbar einfordert, aber andererseits die Neugestaltung einer Weltordnung in den Blick nimmt (Rede Lawrows auf einer Pressekonferenz in Moskau im Januar 2018 zu Ergebnissen der Tätigkeit der russischen Diplomatie 2017, https://russische-botschaft.ru/de/2018/01/16/rede-und-antworten). Auch auf der diesjährigen der 55. Sicherheitskonferenz in München warnte Lawrow, die Vereinten Nationen durch einen „Klub der Auserwählten", die außerhalb der UNO agieren, zu ersetzen (Sputnik Deutschland, 16.2.2019, https://de.sputniknews.com/politik/20190216323995367-msk-sergej-lawrow-rede/).

Insgesamt weisen die Positionen Russlands zu den Vereinten Nationen, auch in ihrer polarisierenden Weise, Kontinuität zur sowjetischen Völkerrechtswissenschaft auf. Damals wie heute begreift sich das Land als Teil der neuen Welt und sieht Einflussmöglichkeiten des „historischen Westens" schrumpfen (AK II, S. 1). Die AK bescheinigt der Außenpolitik Russlands ausdrücklich Kontinuität, die sich über Jahrhunderte entwickelt hat (AK, Ziff. 22). Dass im Recht und in der Politik mannigfaltige Bezüge zur sowjetischen Völkerrechtswissenschaft bestehen, wird von Mälksoo damit begründet, dass das Recht sozialer Natur ist und die Sozialisierung der russischen Akademiker aus diesem Umfeld erwächst, das der eigenen Geschichte und Tradition verhaftet ist (Mälksoo 2015, S. 10f.)

5.5 Die Stellung der Völkerrechtsnormen im russischen innerstaatlichen Recht

Die Verfassung der Russischen Föderation von 1993 ist als völkerrechtsfreundlich zu charakterisieren (vgl. Danilenko 1994, S. 452). Das zeigt sich schon in der Präambel, in der das russische Volk als Teil der Weltgemeinschaft bezeichnet wird. Art. 15 Abs. 4, S. 1

betrachtet universelle Prinzipien und Normen des Völkerrechts in Gestalt von Völkergewohnheitsrecht und Völkervertragsrecht als Teil des russischen Rechtssystems. Bei Kollisionen zwischen einfach geltendem innerstaatlichen Recht und ratifizierten völkerrechtlichen Verträgen wird dem Völkerrecht Vorrang eingeräumt (Art. 15 Abs. 4, S. 2). Wenn sich eine völkervertragliche Regelung im Widerspruch zur Verfassung befindet, darf diese gemäß Art. 15 Abs. 4, S. 2 in Verbindung mit Art. 126 Abs. 6 Hs 2 weder angewandt noch transformiert werden. Hervorzuheben ist, dass Art. 15 Abs. 4 S. 2 eine Unterscheidung zwischen Völkervertragsrecht und Völkergewohnheitsrecht vornimmt. Als Grund dafür wird zumeist angeführt, dass dem Völkergewohnheitsrecht kein Vorrang eingeräumt wird, weil es ihm an notwendiger Bestimmtheit fehlt und deshalb dem verfassungsmäßigen Ansatz der ausreichenden Bestimmtheit einer Norm nicht gerecht wird, während völkerrechtliche Verträge die verfassungsrechtlichen Voraussetzungen erfüllen, da sie parlamentarisch legitimiert sind (vgl. Danilenko 1994, S. 457). Diese Auffassung ist dem Begründungsansatz in der sowjetischen Völkerrechtswissenschaft sehr ähnlich. Schon zu Sowjetzeiten hat Danilenko (1989, S. 112f.) das Gewohnheitsrecht analysiert und die Wirkung des Gewohnheitsrechts in Theorie und Praxis dargestellt. In der russischen, wie schon in der sowjetischen Völkerrechtswissenschaft wird die Auffassung vom Vorrang des Vertragsrechts im Verhältnis zum Gewohnheitsrechtsrecht überwiegend positivistisch begründet und von einem Misstrauen gegenüber naturrechtlichen Vorstellungen begleitet. Tunkin (1972, S. 1055) hat dafür Georg Schwarzenberger angeführt, der mit dem Naturrecht Handlungen rechtfertigte, die nach positivem Recht rechtswidrig seien.

In der russischen Verfassung wird eine Übereinstimmung der allgemein anerkannten Prinzipien und Normen des Völkerrechts mit der Verfassung garantiert. Nach herrschender russischer

Meinung besteht auch ein Vorrang der international geregelten Menschenrechte vor der Verfassung gemäß Art. 17 Abs. 1. Menschenrechte, soweit sie in der Verfassung enthalten sind, sollen Verfassungsrang besitzen. Russische Gerichte haben mehrfach menschenrechtliche Verpflichtungen aus der Europäischen Menschenrechtskonvention unmittelbar angewandt. Als Beispiel dafür wird in der russischen Literatur das Urteil des Europäischen Menschenrechtsgerichtshofes in der Rechtssache Markin v. Russia (ECHR, Urteil vom 22. März 2012, Apl. No 30078/06) unter Bezug auf die Görgülü-Entscheidung des Europäischen Menschenrechtsgerichtshofs und der sich darauf gründenden deutschen Rechtsprechungspraxis angeführt. Doch ist die Praxis der russischen Gerichte durch ein Gesetz vom Dezember 2015 geändert worden, das dem Verfassungsgericht sowohl eine Überprüfungskompetenz als auch die Kompetenz der Nichtvollstreckung von Urteilen des Europäischen Gerichtshofs einräumt (Berger 2016, S. 3). Damit weicht das Gesetz von den Vorgaben des Art. 15 Abs. 4 und der darin geforderten Vorrangwirkung des Völkervertragsrechts ab und ist mit seiner Zielrichtung geeignet, den Menschenrechtsschutz zu schwächen.

6 Die OSZE im russischen Völkerrechtsverständnis

6.1 Die Rolle der OSZE als Friedenswahrer

Die Positionen zur Organisation für Sicherheit und Zusammenarbeit in Europa (OSZE) in der AK und in den Auffassungen der russischen Völkerrechtswissenschaft stimmen weithin überein, lediglich sind gewisse Schattierungen zu erkennen. Die AK betrachtet die OSZE als ein Forum der Kooperation mit dem Ziel, einen Mechanismus zur Gestaltung eines gleichen und unteilbaren gesamteuropäischen Sicherheitssystems (AK Ziff. 68) im Rahmen einer neuen europäischen Ordnung zu gestalten. Damit wird die russische OSZE-Politik in der Tradition der sowjetischen Außenpolitik weitergeführt. Die Geschichte der Konferenz über Sicherheit und Zusammenarbeit in Europa (KSZE) war bis zum Ende der Sowjetunion eine Erfolgsgeschichte, und ganz in diesem Sinne wurde sie auch in der sowjetischen Literatur reflektiert (vgl. Zagorski 1996, S. 3ff.). Die Sowjetunion hatte zu Beginn der 1970er-Jahre die Initiative für ein Treffen zwischen Ost und West ergriffen, das 1975 mit der Verabschiedung eines als historisch geltenden Abschließenden Dokuments der KSZE endete. Die Sowjetunion zielte mit ihrer Initiative auf die Beendigung des Konfrontationskurses und die Einbindung der USA in eine europäische Sicherheitsordnung. Während für die Sowjetunion die sicherheitspolitische Lage im Fokus stand, zielten Aktivitäten des Westens vor allem auf einen Dialog zur Durchsetzung der im KSZE-Dokument enthaltenen Menschenrechte und auf eine politische Annäherung (Nünkist und Hakkarainen 2019, S. 32). Auch nach dem Zerfall der Sowjetunion und der Auflösung des Warschauer Paktes setzte die Sowjetunion auf Annäherung zum Westen, wobei die zentrale Institution zur Gestaltung gegenseitiger Sicherheit und Zusammenarbeit die KSZE sein sollte. Dies entsprach jedoch nicht den Vorstellungen des Westens, der sich vor allem auf eine Erweiterung der Europäischen Union und der NATO in Richtung Osten orientierte. So verlor die KSZE/OSZE mehr und mehr an Bedeutung, weil der Westen andere Prioritäten setzte (Hauser 2016, S. 20f.).

Russland bemühte sich seit Anfang der 1990er-Jahre um eine Reform der KSZE sowie OSZE und um die Gestaltung eines gesamteuropäischen Sicherheitssystems nach seinen Intentionen. Ausdruck der Reformbemühungen war auch der von Medwedew

2008 unterbreitete Vorschlag, einen europäischen Sicherheitsvertrag mit den OSZE-Staaten zu verhandeln, der darauf zielte, den Einfluss der USA in Europa zurückzudrängen und den „NATO-Zentrismus" zu minimieren (vgl. Zagorski 2010, S. 49). Dieser Vorschlag gründete sich auf die Idee Chrustschows im Jahr 1954, einen europäischen Sicherheitsvertrag zu verabschieden. Erst der Ukraine-Konflikt und die unmittelbare Anrufung der OSZE führten zu deren Bedeutungszuwachs. Heute spielt die OSZE wieder eine aktive Rolle bei der Aufrechterhaltung der europäischen Sicherheit und ist zu einem der Hauptakteure im europäischen Sicherheitssystem geworden (vgl. Moser und Peters 2019, S. 3).

6.2 Auffassungen zum Rechtsstatus der OSZE

Welchen Rechtsstatus die OSZE besitzt, ob dies überhaupt eindeutig zu beantworten ist und ob die eingeschränkte Rechtssubjektivität auch Vorteile bringt, ist Gegenstand der aktuellen Diskussion in der russischen Völkerrechtswissenschaft. Differenzierte Auffassungen gibt es hinsichtlich der rechtlichen Grundlagen und der Frage, ob ein Gründungsvertrag zwingend erforderlich ist oder ob sie durch Vertrag unterhalb der Schwelle einer Charta besser wirksam werden können.

Die OSZE ist bisher, so die herrschende Meinung, nicht als zwischenstaatliche internationale Organisation anzusehen (vgl. Epping 2018, S. 331, Rn 232). Ihr fehlt ein Gründungsvertrag, in dem ihr ein Status als vollwertige zwischenstaatliche Organisation eingeräumt werden kann. Auch nach der Umbenennung der KSZE zur OSZE im Jahr 1994 wird eine Völkerrechtssubjektivität – mindestens eine solche in voller Ausstattung – überwiegend verneint. Zu verweisen ist aber auf ein breiteres Konzept, wonach internationale Organisationen umfassende Einheiten darstellen, ohne volle Rechtspersönlichkeit zu besitzen. Carolyn Moser und Anne Peters qualifizieren die OSZE aus dieser Perspektive als potentielle internationale Organisationen und verweisen auf die differenzierte Sichtweise in der Literatur hinsichtlich des Rechtsstatus der OSZE von voll ausgestatteten internationalen Organisationen zu solchen in statu nascendi oder anknüpfend an *soft law* als *soft* Organisationen (vgl. Moser und Peters 2019, S. 7f.).

Während zahlreiche Teilnehmerstaaten der OSZE, einschließlich der USA, für die Annahme einer Konvention über die Völkerrechtssubjektivität sowie Privilegien und Immunitäten plädieren, stehen andere Staaten, einschließlich Russland, für die Annahme eines umfassenden Gründungsvertrages, einer Charta der OSZE (AK, Ziff. 68) als stärkste Form, die volle Völkerrechtssubjektivität fordert. Die russische Völkerrechtswissenschaft, die der Regierungsposition nahe steht, plädiert ganz überwiegend für eine OSZE-Charta und führt dazu unter anderem an, dass die russische Verfassung gemäß Art. 79 die Beteiligung an internationalen Vereinigungen, denen sie einen Teil ihrer Befugnisse übertragen kann, vorsieht. Gleb Bogush, ein russischer Völkerrechtler der jüngeren Generation, nimmt eine differenzierende Haltung ein. Er geht davon aus, dass ein einfacher Vertrag zur Rechtsstellung sowie zu den Privilegien und Immunitäten die Voraussetzungen des Art. 79 ebenfalls erfüllen kann, dass aber das russische Verfassungsgericht am besten in der Lage ist, darüber eine Entscheidung zu treffen (Bogush 2019, S. 126, 128). Betont wird vor allem, dass ohne Gründungsvertrag der OSZE Flexibilität bei ihrer Vorgehensweise und Entscheidungsfindung möglich ist. Bogush (2019, S. 129) sieht in der vorherrschenden Argumentation russischer Rechtswissenschaftler, dass nur ein Gründungsvertrag der OSZE volle Handlungsfähigkeit verleihen kann, eine konservative und politisch motivierte Auffassung.

Schon bei der Umbenennung der KSZE in OSZE im Jahr 1994 haben die Teilnehmerstaaten festgestellt, dass sich der Charakter der KSZE, die Verpflichtungen und der Status nicht ändern sollen und die OSZE in ihrer organisatorischen Entwicklung flexibel bleiben soll. Die Tätigkeit der OSZE auch in den Grauzonen zwischen Recht und Nichtrecht erlaubt ihr eine größere Dynamik im Handeln. Damit ist ein Gründungsvertrag, der für die Etablierung der Völkerrechtssubjektivität einer zwischenstaatlichen Organisation in der Regel abgeschlossen wird, nicht zwingend erforderlich. Zudem stellen die OSZE-Dokumente weithin nur politische Vereinbarungen dar. Das hat Vorteile, wenn Verhandlungen offen und an den jeweiligen Verhandlungsverlauf angepasst, das heißt nicht nach einem vorgegebenen Reglement vonstattengehen müssen.

In außenpolitischen Verlautbarungen zur OSZE wird diese als wichtiges Instrument zum Aufbau eines gleichen und unteilbaren gesamteuropäischen Sicherheitssystems herausgestellt (AK, Ziff. 68). Insbesondere werden Defizite in ihrer Rechtsstellung benannt und gefordert, sie mit einer Charta auszustatten, die exekutiven Organe zu reformieren und sie mit Rechten eines zwischenstaatlichen Gremiums zu versehen, um die Effektivität der OSZE zu erhöhen (AK, Ziff. 68). In der Völkerrechtsliteratur dominiert die Forderung nach voller Völkerrechtssubjektivität unter einem Gründungsvertrag und damit nach einer mit vollen Rechten ausgestatteten internationalen Organisation (vgl. Lukaschuk 2008, S. 47).

7 Das russische Völkerrechtsverständnis – weithin monolithisch und polarisierend

Die Ordnungsvorstellungen Russlands sind von großmachtpolitischem Denken geprägt, das sich insbesondere auf seine globale, aber auch regionale Stellung bezieht, der Abgrenzung gegenüber dem

Westen dient, aber auch die Sonderrolle gegenüber den GUS-Staaten rechtfertigen soll.

Ein Großteil der russischen Völkerrechtler ist, wie einige davon auch schon in der Sowjetära, in staatlichen Institutionen und internationalen Gremien tätig. Sicher kann darauf verwiesen werden, dass sich durch den Generationenwechsel auch Positionen ändern können, doch finden sich diesbezügliche Diskontinuitäten bisher nur unterschwellig. Symptomatisch für das russische Völkerrechtsverständnis ist, dass sich die Auffassungen zu den Gegenständen des Völkerrechts nicht nennenswert voneinander unterscheiden – ein Befund, zu dem man auch mit Blick auf die sowjetische Völkerrechtswissenschaft gelangt. Strömungen und Denkschulen sucht man vergebens. Auch das Verhältnis der russischen Völkerrechtswissenschaft zur Außenpolitik gestaltet sich annähernd so, wie dies in der Sowjetära der Fall war; die Bindungen an die Staatsmacht sind allenthalben zu erkennen. So hebt Igor Lukaschuk damals wie in der postsowjetischen Zeit das enge Verhältnis zwischen Macht und Recht hervor (2004, S. 46f.). Ebenso wie die sowjetische Völkerrechtswissenschaft direkten Zugang zur außenpolitischen Praxis hatte und diese auch ideologisch mitbestimmte, finden wir heute solche ideologischen Prägungen. Auch Mälksoo konstatiert, dass viele Merkmale, die der sowjetischen Außenpolitik immanent waren, in der russischen Außenpolitik fortexistieren und betont die enge Verwobenheit der russischen Völkerrechtslehre mit der russischen Völkerrechtspraxis (Mälksoo 2015, S. 85, 87). Zudem ist das russische Völkerrechtsverständnis oft polarisierend, wie die Positionen zur Vereinnahmung der Krim oder zum Konzept der *Responsibility to Protect* belegen. Auch hierin stimmt es mit dem sowjetischen Völkerrechtsverständnis überein, das das Völkerrecht als Instrument des Klassenkampfes sah.

Literatur

Alexandrowa, Olga. 1995. Russland und sein „nahes Ausland": Integrationsvorstellungen und Ansätze der russischen Integrationspolitik vom 12. April 1995. https://nbn-resolving.org/urn:nbn:0168-ssoar-41793. Zugegriffen: 30. Juli 2019.

Außenpolitische Konzeption der Russischen Föderation, gebilligt vom Präsidenten der Russischen Föderation am 30. November 2016. http://www.mid.ru/en/foreign_policy/official_documents/-/asset. Zugegriffen: 30. Juli 2019.

Aust, Martin. 2017. *Die Russische Revolution: Vom Zarenreich zum Sowjetimperium.* München: Beck.

Baranowski, Vladimir und Anatoly Mateiko. 2016. Responsibility to Protect: Russia's Approaches. *The International Spectator. Italian Journal of International Affairs* 2016: 49–69.

Berger, Anastasia. 2016. *Aktuelle Entwicklungen zur Bindung an die Entscheidungen des EGMR*, Russland, Ostinstitut Wismar. 1–3. https.//www.ostinstitut.de/documents.

Bogush, Gleb. 2019. Domestic Implications of the OSCE's Legal Personality under Russian Constitutional Law. In *The Legal Framework of the OSCE,* hrsg. von Mateja Steinbrück Platise, Carolyn Moser und Anne Peters, 119–131. Cambridge: Cambridge University Press.

Breschnew, Leonid. 1968. *Current Digest of the Soviet Press.* No. 46, 04.12.1968.

Brock, Lothar. 2019. Rechtserhaltene Gewalt im Kontext einer komplexen Friedensagenda. In *Rechtserhaltende Gewalt – eine ethische Verortung*, hrsg. von Ines-Jacqueline Werkner und Torsten Meireis, 117–148. Wiesbaden: Springer VS.

Butler, William E. und Wladimir G. Tunkin (Hrsg.). 2012. *The Tunkin Diary and Lectures.* The Hague: Eleven International Publishing.

Closson, Stacy und Uwe Halbach. 2008. Die Georgienkrise in ihrer kaukasischen Dimension. *SWP-Aktuell* 75: 1–19.

Danilenko, Gennady M. 1989. Deitswie oboitscha meschdunarodnom prawe teorija i praktika. In *Probleme des Völkerrechts*, hrsg. von Bernhard Graefrath, 99–115. Berlin: Akademieverlag.

Danilenko, Gennady M. 1994. The New Russian Constitution and International Law. *American Journal of International Law* 88: 451–470.

Deklarazii sajawlenija i kommunikje Sowjetskowo prawitelstwa s prawitelstwami inostrannych gosudarst. 1957. Moskau.
Dornblüth, Gesine. 2015. *Moskaus „nahes Ausland"*. Das Parlament Nr. 33–35 vom 10. August 2015.
Draft Articles on Responsibility of State for Internationally Wrongful Acts. 2001.
ECHR. 2012. Markin v. Russia, Urteil vom 22. März 2012, Apl. No. 30078/06.
Epping, Volker. 2018. 3. Kapitel: Völkerrechtssubjekte, § 7 Der Staat als „Normalperson" des Völkerrechts und § 8 Internationale Organisationen. In *Lehrbuch Völkerrecht Ipsen* hrsg. von Volker Epping und Wolff Heintschel von Heinegg, 73–357. 7. Aufl. München: Beck.
Foreign Minister Sergey Lavrov. 2018. Remarks at the 73nd session of the UN General Assembly. 28 September 2018. www.mid.ru/en/foreign-policy/news/-/asset-publish. Zugegriffen: 30. Juli 2019.
Haedrich, Martina. 2019. Universalität der Menschenrechte aus völkerrechtlicher Perspektive. In *Eine Theologie der Menschenrechte*, hrsg. von Sarah Jäger und Friedrich Lohmann, 141–165. Wiesbaden: Springer VS.
Hauser, Gunter. 2016. *Die OSZE. Konfliktmanagement im Spannungsfeld regionaler Interessen*. Opladen: Verlag Barbara Budrich.
Informal Interactive Dialogue on the Responsibility to Protect at the General Assembly. 2013. Statement by Delegation of the Mission of the Russian Federation to the United Nations.
Issaeva, Maria. 2015. Does "Russian International Law" have an international academic future? EJIL Analysis, 21. September 2015.
Jegorov, W. N. 1972. *Friedliche Koexistenz und revolutionärer Prozeß*. Berlin: Dietz Verlag.
Kaljushnaja, G. P. 1967. Begriff und Wesen des gegenwärtigen Völkerrechts, Erstes Kapitel. In *Lehrbuch Völkerrecht*, hrsg. von David B. Lewin und G. P. Kaljushnaja, 14–30. Berlin: Staatsverlag.
Kapustin, Anatoly. 2014. Circular Letter to the Executive Council of the International Law Association. https://www.ilarb.ru/html/news/2014/5062014.pdf. Zugegriffen: 30 Juli 2019.
Kapustin, Anatoly. 2015. Crimea's Self-Determination in the Light of Contemporary International Law. *Zeitschrift für ausländisches öffentliches Recht und Völkerrecht* (75): 101–118.
Korovin, Evgenij A. 1929. *Das Völkerrecht der Übergangszeit*: Berlin: Stilke.

Koskenniemi, Marti. 1990. The Politics of International Law. *European Journal of International Law* 1: 4 -32.
Koskenniemi, Marti. 2015. *From Apology to Utopia: The Structure of International Legal Argument*. Cambridge: Cambridge University Press.
Kotlyar, Vladimir. 2014. International law on the use of force by states in international relations and the war in Syria. *International Affairs (Minneapolis/Minn.)* 60: 189–200.
Lenin, Wladimir I. 1961. *Rede über den Frieden*. Werke Bd. 26, 239–247. Berlin: Dietz Verlag.
Lenin, Wladimir I. 1972. *Rede über den Frieden*. Werke Bd. 26, 239–247. Dietz Verlag.
Lewin, David Bencionowich. 1958. *Osnownie sowremenogo meschdunarodnogo prawa*: Isdatelstwo nauka. Moskau: o. V.
Lukaschuk, Igor I. 2004. *Prawo Meschdunarodnoi otweschennosti*. Moskau: Wolters Kluwer.
Lukaschuk, Igor I. 2008. *Mezhdunarodnoe prawo, Osobennaya Chast*. 2. Aufl. Moskau: Beck.
Makarov, Alexander A. 1936. Die Völkerrechtswissenschaft in Sowjetrußland. *Zeitschrift für ausländisches und öffentliches Recht und Völkerrecht* (6): 479–495.
Makarychew, Andrey und Viatcheslaw Morozow. 2013. Is "Non-Western Theory" Possible? The Idea of Multipolarity and the Trap of Epistemological Relativism in Russian International Relations. *International Studies Review* 15 (3): 328–350.
Mälksoo, Lauri. 2015. *Russian Approaches to International Law*. Oxford: Oxford University Press.
Medwedew, Dmitri.2008. Interview mit dem TV-Sender Channel One Russia. http://archive.kremlin.ru/eng/speeches/2008/08/31/1850_tyoe82912type82916_2006003.shtml. Zugegriffen: 30. Juli 2019.
Miller, Alexei und Fyodor Lukyanow. 2016. Detachment Instead of Confrontation: Post-European Russia in Search of Self-Suffiency. Moskau. https://www.kreisky-forum.org/datall/Report_EuropeanRussia.pdf. Zugegriffen: 30. Juli 2019.
Moiseev, Alexei A. 2009. Suvereinitet gosudarstva v meschdunarodnom prawe. Moskau, Wostok Zapad 53: 55–70.
Moiseev, Alexei A. 2015. Concerning Certain Positions on the Ukrainian Issue in International Law. Russian Politics & Law, Bd. 53. H. 2. 47–60.

Moser, Carolyn und Anne Peters. 2019. Legal Uncertainty and Indeterminacy: Immutable Characteristics of the OSCE? In *The Legal Framework of the OSCE*, hrsg. von Mateja Steinbrück Platise, Carolyn Moser und Anne Peters, 3–28. Cambridge: Cambridge University Press.

Müllerson, Rein. 2013. Rezension zu The Tunkin Diary and Lectures. *American Journal of International Law* 107 (3): 710–714.

Nünlist, Christian und Petri Hakkarainen. 2019. Political Dynamics and Institutional Reforms in the OSCE. In *The Legal Framework of the OSCE*, hrsg. von Mateja Steinbrück Platise, Carolyn Moser und Anne Peters, 29–47. Cambridge: Cambridge University Press.

Potschkaeva, M. V. 1967. Die Geschichte des Völkerrechts und seiner Wissenschaft. Zweites Kapitel. In *Lehrbuch Völkerrecht,* hrsg. von David B. Lewin und G. P. Kaljushnaja. Berlin: Staatsverlag.

Programm und Statut der kommunistischen Partei der Sowjetunion. 1961. Berlin: Dietz Verlag.

Rede Lawrows. 2018. Auf einer Pressekonferenz in Moskau im Januar 2018 zu Ergebnissen der Tätigkeit der russischen Diplomatie 2017. https://russische-botschaft.ru/de/2018/01/16/rede-und-antworten. Zugegriffen: 30. Juli 2019.

Roberts, Anthea. 2017. *Is International Law international*? Oxford: Oxford University Press.

Schaller, Christian. 2018. *Völkerrechtliche Argumentationslinien in der russischen Außen- und Sicherheitspolitik. Russland, der Westen und das Nahe Ausland.* SWP-Studie 10. Berlin: SWP.

Schweisfurth, Theodor. 1979. *Sozialistisches Völkerrecht? Darstellung – Analyse – Wertung der sowjetmarxistischen Theorie vom Völkerrecht „neuen Typs".* Berlin: Springer.

Schweisfurth, Theodor. 2000. Socialist Conception of International Law. In *Encyclopedia of Public International Law, Bd. IV*, 420–463. Amsterdam: North Holland Publishing Company.

Sputnik Deutschland. 2019. https://de.sputniknews.com/politik/20190216323995367-msk-sergej-lawrow-rede/. Zugegriffen: 30. Juli 2019.

Statement delivered by Russia. 2016. Informal Interactive Dialogue on R2P.

Steiniger, Peter Alfons. 1967. *Oktoberrevolution und Völkerrecht*. Berlin: Staatsverlag.

Stratievski, Dmitri. 2016. So viel Sowjetunion steckt in Putins Russland. In Vorwärts vom 7.12. 2016. htpps://www.vorwaerts/de/artikel/so-viel-sowjetunion-steckt-putin. Zugegriffen: 30. Juli 2019.

Trenin, Dmitri. 2008. Neue Prioritäten in der russischen Außenpolitik: das „Projekt GUS". 13. Mai 2008. https://www.boell.de/de/navigation/europa-nordamerika-3305.html. Zugegriffen: 30. Juli 2019.

Trültzsch, Arno. 2015. Völkerrecht und Sozialismus. Sowjetische versus jugoslawische Perspektiven. In *Leipziger Zugänge zur rechtlichen, politischen und kulturellen Verflechtungsgeschichte Ostmitteleuropas*, hrsg. von Dietmar Müller und Adamantios Skordos, 81–99. Leipzig: Leipziger Universitätsverlag.

Tunkin, Grigori I. 1958. Forty Years of Coexistence and International Law. *Sowetskij Eschegodnik Meschdunarodnogo prawa* 95: 50–96.

Tunkin, Grigori I. 1972. *Die völkerrechtlichen Prinzipien der friedlichen Koexistenz*. In Blätter für deutsche und internationale Politik 1972: 1057–1077.

Tunkin, Grigori I. 1985. A New Dimension of International Law: Normative Model of Global International System. In *Probleme des Völkerrechts*, hrsg. von Bernhard Graefrath, 267–276. Berlin: Akademieverlag.

UN-Doc. A7RES 60/1 vom 16. September 2005, Ziff. 138 und 139.

Unser, Günther. 2000. Russland und die Vereinten Nationen (Berichte/BIOst, 8–2000). Köln: Bundesinstitut für ostwissenschaftliche und internationale Studien. https://nbn-resolving.org/urn:nbn:de-0168-ssoar-41482. Zugegriffen am 30. Juli 2019.

Ussenko, E. T. 1967. Die Völkerrechtsprinzipien der Zusammenarbeit der sozialistischen Staaten. In Lehrbuch Völkerrecht, Viertes Kapitel, hrsg. von David B. Lewin und G. P. Kaljushnaja, 71–87. Berlin: Staatsverlag.

Warschauer Vertrag vom 15. Mai 1955. 1973. *Dokumente Völkerrecht*, hrsg. von Heinz Dühring und Bernhard Graefrath, 562–567. Berlin: Staatsverlag.

Weyer, Markus. 1992. Die Mitgliedschaftsrechte der ehemaligen Sowjetunion in den Vereinten Nationen. In *Recht in Ost und West* 36: 166–177.

Wittke, Cindy. 2018. *Die unbekannten Politiken im postsowjetischen Raum*: Russland-Analysen 362: 5–9.

Zagorski, Andrei. 1996. Regionale Strukturen der Sicherheitspolitik in der GUS. Berichte/BIOST, 9–1996, Köln Bundesinstitut für Ostwissenschaften und internationale Studien. (3-31). https://nbn:de 0168-ssDar-42310. Zugegriffen: 30. Juli 2019.

Zagorski, Andrei. 2010. The Russian Proposal for a Treaty on European Security: From the Medvedev Initiative to the Corfu Process. In Institute for Peace Research and Security Policy at the University of Hamburg. Baden-Baden: Nomos, 43–59. https://ifsh.de/file-CORE/documents/yearbook/…/Zagorski-en.pdf. Zugegriffen: 30. Juli 2019.

Zarbiyev, Fuad. 2015. A Genealogy of Textualism in Treaty Interpretation. In *Interpretation in International Law,* hrsg. von Andrea Bianchi, Daniel Peat und Matthew Windsor, 251–267. Oxford: Oxford University Press.

Die Zeit. 2019. Zwischenfall auf der Straße von Kertsch und im Asowschen Meer, Prozess nach Blockade des Asowschen Meeres beginnt 10.Mai 2019. https://www.Zeit.de/politik/ausland/2019-05/internationaler-seegerichtshof-ukraine. Zugegriffen: 30. Juli 2019.

Frieden, Recht und Good Governance im alten und neuen China

Gerd Kaminski

1 Einleitung

Die Entstehung von souveränen Staaten, welche in Europa nach dem Westfälischen Frieden erfolgt, fällt in China bereits in die Zeit nach 771 vor Christus. Damals endete das weltliche Regime des Königs der Zhou Dynastie. Aus den ehemaligen Lehensstaaten wurde unter der Leitung des stärksten Staates (Hegemon = „ba") eine Gemeinschaft selbständiger Staaten.[1] Der Frieden wurde durch die vom „ba" präsidierten regelmäßigen Staatenkonferenzen sichergestellt. Auf diesen Staatenkonferenzen wurden zum allgemeinen Wohl Verträge abgeschlossen, welche die Harmonie innerhalb der chinesischen Staatengemeinschaft aufrechterhalten sollten. Die Vertragsform setzte sich aus schriftlichen, mündlichen sowie Zeichenelementen zusammen (Kommentar des Zuochuan zu den von Konfuzius verfassten Annalen der Frühlings- und Herbstperiode; Legge 1892,

---

1 Kaminski 1972, S. 17ff.; Thomas 1927, S. 237ff.; Chün-pei 1971; Izumi 1982; Nakamura 1894, S. 827; Martin 1882, S. 230; Po-chi 1962, S. 21ff; Wu 1957, S. 3.

S. 829). So wurde die frühere friedenssichernde Zentralgewalt des Königs durch das geordnete Funktionieren einer Staatenliga ersetzt. Der Vertrag von 650 v. Chr. enthielt dementsprechend Artikel über die Ordnung innerhalb der Familien, Schutzbestimmungen für Alte, Jugendliche und Fremde, Regeln für das Beamtensystem, sowie Verbote, Hochwässer auf die Gebiete der Nachbarstaaten abzuleiten und in Zeiten von Hungersnöten in anderen Staaten selbst Getreide zu horten (Legge Bd. 5, 1892, S. 121). Außerdem waren Grenzziehungen den auf Staatenkonferenzen geschlossenen multilateralen Verträgen unterworfen (Chün-pei 1971).

Die Verpflichtungen, welche sich die Staaten damit auferlegt haben, waren nicht nur ethisch motiviert, sondern auch von einem realpolitischen Standpunkt geeignet, wichtige Friktionsursachen aus der Welt zu schaffen. Am Anfang bestimmte sich der Rang der einzelnen Staaten nach ihrer Größe und dem Grad ihres kulturellen Niveaus. Staaten mit einer nicht hanchinesischen Bevölkerung konnten dann Mitglieder dieser Staatengemeinschaft werden, wenn sie die gleichen Kriterien erfüllen konnten: entsprechendes wirtschaftliches und kulturelles Niveau, befestigte Städte und Beamtensystem. Doch bereits zur Zeit von Konfuzius (geboren 551 v. Chr.) verwendete man alternativ die Termini „Ein Staat von so vielen li (1 li = 0,5 km) im Geviert" und „Ein Staat von so vielen Streitwagen." Sogar der Weise selbst verwendete die Termini abwechselnd (Legge 1892, Bd.1, S. 247).

Dem liegt zugrunde, dass das klassische durch Verträge und Moral gesicherte Friedenssystem nach dem Auftreten konkurrierender „bas" nicht mehr funktionierte. Die Fürsten stellten Aggressivität über die durch frühere Verträge geforderte Friedenserhaltung, Humanität und Benevolenz. Aus einer Friedensgesellschaft wurde durch die Entstehung mehrerer Machtzentren ein zerrüttetes System von Längs- und Querachsenallianzen, welche ständig gegeneinander Krieg führten. Den Verträgen, zu denen kleinere

Staaten oft zum Abschluss gezwungen wurden, ging die Basis von Treue und Glauben abhanden.

Nach der Reichseinigung 221 v. Chr. bildete sich zwischen China und den Staaten seiner Region allmählich ein System des Pax Sinica heraus, welches vom bedeutenden Sinologen John K. Fairbank (1968, S. 2) „Tributstaatensystem" genannt wurde. Dieses System hat sich bis zur Zeit der Tang Dynastie vervollständigt. Mit den Worten Charles Patrick Fitzgeralds (1965, S. 876): „Durch die Erfahrungen der T'ang-Periode wurden die Chinesen also in ihrem Glauben an die eigene Überlegenheit und das relative – oder absolute – Barbarentum anderer Völker nur noch bestärkt". Es zementierten sich der Glaube an die Unfehlbarkeit des chinesischen Systems und Weltbildes sowie dessen untrennbare Bindung an das zur Durchsetzung berufene chinesische Volk und dessen Herrscher.

Unter der Tang Dynastie wurde das ganze Becken von Turkestan unter chinesische Gewalt gebracht. Der chinesische Kaiser genoss auch in entferntesten Regionen solches Ansehen, dass der letzte Sassanidenherrscher Jedzgerd den Ausweg vor einer drohenden Niederlage durch die Araber in wiederholten Hilfeappellen an den chinesischen Hof sah. Zu diesem Zeitpunkt, zu dem China ein eindrucksvolles Hoch an politischem und kulturellen Einfluss erlebte, spielten alle in Reichweite Chinas gelegenen Staaten fast friktionslos die ihnen zugewiesenen Rollen. Verteiler der Rollen war natürlich der chinesische Kaiser, der an der Spitze einer streng nach hierarchischen Gesichtspunkten gegliederten Staatengemeinschaft stand. – Vielleicht wäre der Ausdruck Staatenfamilie in diesem Zusammenhang als präziser vorzuziehen, denn das damalige Konzept der chinesischen internationalen Beziehungen bedeutete nichts anderes als eine Transponierung der konfuzianischen Ideen über die rechten Beziehungen zwischen Individuen auf die zwischenstaatliche Ebene. Tragendes Prinzip war daher nicht wie in der heutigen Staatengemeinschaft die Gleichheit, sondern vielmehr die Ungleichheit, welche die damalige ostasiatische Staatenfamilie nach dem Vater-Sohn beziehungsweise dem Verhältnis des Älteren zum Jüngeren organisierte (Fairbank 1968, S. 2; Hsü 1968, S. 5). In der Literatur wird im Einklang mit Fairbank für dieses System sehr oft der Name Tributstaatensystem verwendet. – Dies könnte im unbefangenen Leser den Eindruck erwecken, es habe sich dabei um eine nach chinesischen Bedürfnissen ausgerichtete verfeinerte Form der Ausbeutung gehandelt. Es sind jedoch Immanuel C. Y. Hsüs Darstellungen zu unterstreichen, der von einem primär zeremoniell und rituell ausgerichteten Verhältnis spricht. Es wird von ihm darauf hingewiesen, dass die „Tributbeziehungen" Rechte und Pflichten mit sich brachten. Während die Tributstaaten einerseits als jüngere Familienmitglieder die chinesische Kalenderrechnung übernahmen und den Vorrang des Familienoberhauptes durch periodische Tributgesandtschaften an den chinesischen Hof bekräftigten, kam dem chinesischen Kaiser die Pflicht zu, zwischen den Familienmitgliedern Ordnung zu halten und ihnen bei Aggressionen zu Hilfe zu eilen. Der chinesische Kaiser sandte zur Thronbesteigung der Herrscher jener Staaten spezielle Gesandte, welche in seinem Namen die Investitur vornahmen, bei Unglücks- und Trauerfällen drückten chinesische Gesandte das Mitgefühl des chinesischen Kaisers aus, der außerdem die anderen Herrscher und ihre Tributgesandtschaften oft so reich beschenkte, dass der Wert dieser Geschenke den Wert des überbrachten Tributes bedeutend überstieg (Hsü 1968, S. 4f.).

In den Augen der Chinesen kamen die anderen Staaten, angezogen durch die chinesische überlegene Zivilisation und die Tugend des chinesischen Kaisers, aus freien Stücken, um Teil des chinesischen Systems und der Pax Sinica zu werden.

> "As a result, in the Chinese mind, there could be something far away in time and space, but there was never something that was opposite, intolerant, and needed conquering. The far-away was

indeed an extension of the self, like great grandfather and the great grandsons in the temporal framework or the center of a ripple and its gradually spreading circles in the spatial framework. This holist worldview is different from the Western dualistic view of the two opposites, where an inevitable conflict is implied" (Qin 2007, S. 313).

Die Kontakte mit den Europäern im 17. und 18. Jahrhundert gaben den Chinesen keinen Grund, von ihrem Weltbild abzugehen. Die Europäer waren aus Gründen der im Chinahandel erwirtschafteten hohen Profite bereit, als Tributgesandtschaften aufzutreten und sich zur Bestätigung der weltumfassenden Herrschaft des chinesischen Kaisers vor diesem niederzuwerfen, wie es das chinesische Zeremoniell verlangte.[2] Zwischen 1655 und 1795 kamen sechzehn der siebzehn westlichen Delegationen der chinesischen Aufforderung nach, den Kotau zu vollziehen (Hsü 1968, S. 14). Die Niederländer sahen sich nicht einmal imstande, das chinesische Begehren, sie mögen den Kotau auch vor des Kaisers leerem Thron, dessen Siegeln und Briefen vollziehen, zurückzuweisen.

Über die 17. Delegation unter Lord Mac Cartney herrscht Uneinigkeit zwischen den Chinesen und Briten, ob der Lord den Kotau vollzogen hat. Jedenfalls beschied der Kaiser Qian Long König George III. in einem Edikt:

„Der Himmelische Kaiserhof besitzt und befriedet die Territorien innerhalb der 4 Meere …… und legt keinen Wert auf merkwürdige Juwelen oder kostbare Gegenstände […]. In der Tat haben sich die Tugend und das Ansehen der Himmlischen Dynastie fern und weit verbreitet und Myriaden von Ländern kommen zu Land oder See mit allen Arten von Kostbarkeiten. Daher herrscht bei uns keinerlei Mangel wie Euer Hauptgesandter und die anderen selbst bemerkt

---

2 Vgl. Gützlaff 1836, S. 149ff.; Wimmer 1838, S. 119ff.; Morse 1964, S. 42ff., welche die Kontakte der seit Beginn des 16. Jahrhunderts in China präsenten Portugiesen schildern.

haben. Wir sammeln kaum seltsame oder originelle Objekte und haben keinen weiteren Bedarf an den Produkten eines Landes" (Teng und Fairbank 1979, S. 19).

In der Zwischenzeit hatte sich unbemerkt von China in Europa die industrielle Revolution und der Übergang vom aufgeklärten Absolutismus zum Liberalismus ergeben, welcher den Krieg als wertfreies Duell und die militärische Rüstung als unabdingbares Element eines Souveränen betrachtete.

Der Herrscher Chinas, wo die Aufnahmeprüfungen im Heer noch im Steinstoßen und Bogenschießen bestanden, war ohne es zu wissen, Andersens Kaiser ohne Kleider. Noch im Jahre 1839 sah man sich den Ausländern gegenüber moralisch, aber auch machtmäßig überlegen, wie aus einem Schreiben an Königin Victoria aus 1839 ersichtlich ist, welches dem von England völkerrechtswidrig entfesselten Opiumkrieg voranging (vgl. Teng und Fairbank 1979, S. 27).

„Unsere himmlische Dynastie regiert und überwacht die unzähligen Staaten und besitzt sicherlich unermeßliche geistige Erhabenheit. Und doch kann es der Kaiser nicht über sich bringen, Menschen hinzurichten (jene, welche gegen das strikte Opiumeinfuhrverbot verstoßen haben), ohne zuerst zu versuchen, sie durch Belehrung zu bessern. Daher verkündet er eigens diese festgesetzten Regeln. Die Barbarenkaufleute aus eurem Land sind angehalten, unsere Vorschriften respektvoll zu befolgen und die Versorgung mit Opium auf Dauer zu unterbinden, wenn sie noch längere Zeit Handel treiben wollen. Sie dürfen auf keinen Fall die Effektivität des Gesetzes mit ihrem Leben auf die Probe stellen. Sondert, oh König, die schlechten und lasterhaften von euren Leuten aus, bevor sie nach China kommen, um den Frieden eurer Nation sicherzustellen, um weiter die Aufrichtigkeit eurer Höflichkeit und Unterwürfigkeit zu zeigen, damit die beiden Staaten sich gemeinsam des Segens des Friedens erfreuen."

Auf den ersten Opiumkrieg folgte, diesmal unter Beteiligung der Franzosen 1855, der zweite Opiumkrieg und danach weitere Aggressionen ausländischer Mächte. In China musste man erkennen, dass die traditionelle sinozentrische Friedensordnung nicht mehr aufrechtzuerhalten war. Es galt also die Normen kennenzulernen, mit welchen die europäischen Mächte die zwischenstaatlichen Beziehungen regulierten.

So wurde der amerikanische Missionar und Völkerrechtler William Alexander Parsons Martin vom chinesischen Hof beauftragt, das damals gängige von Henry Wheaton verfasste Lehrbuch „Elements of International Law" ins Chinesische zu übersetzen. Dies geschah nicht ohne Widerspruch von Vertretern europäischer Mächte. Eine englische Zeitung in Hongkong beschuldigte Martin „die Engländer um ihre auf dem Schlachtfeld errungenen Früchte bringen zu wollen" (Martin 1885, S. 504f.). Der französische Geschäftsträger Klecskowsky fragte wütend: „Wo ist der Mann, der den Chinesen Einblick in unser europäisches Völkerrecht geben will? Bringt ihn um – stopft ihm den Mund, er wird uns endlose Schwierigkeiten bereiten" (Martin 1900, S. 234).

Dennoch wurde Martin 1868 zum Präsidenten einer Art Chinesischer Diplomatischen Akademie berufen, wo intensiv Völkerrecht unterrichtet wurde. Die Aneignung des internationalen Rechts der ausländischen Mächte verlief zunächst zur Zufriedenheit der Chinesen, denn mit den neu erworbenen Erkenntnissen konnten sie den preußischen Gesandten Rehfueß zwingen, drei während des preußisch-dänischen Krieges in chinesischen Gewässern gekaperte Kauffahrtschiffe wieder freizugeben (Martin 1885, S. 507f.).

Die Freude der Chinesen währte aber nicht lange. Sie mussten bald feststellen, dass die Fremden nicht daran dachten, sich China gegenüber an das eigene Völkerrecht zu halten. Dementsprechend heißt es in der chinesischen Kriegserklärung, nachdem die ausländischen Mächte während des Boxeraufstandes 1900 mit der

Eroberung der Forts bei Tientsin den Krieg begonnen hatten: „Sie, während sie sich zivilisierte Staaten nennen, haben ohne Rücksicht auf das Recht gehandelt und allein auf ihre bewaffnete Macht vertraut." Während des Boxeraufstandes und nach dessen Unterdrückung begingen Truppen der achten Interventionsmächte, welche angeblich zur Verteidigung des Völkerrechtes der Zivilisation, Sitte und Moral ausgezogen waren, in China ungeheuerliche Kriegsverbrechen und Verstöße gegen das Völkerrecht. Kaiser Wilhelm II. hatte in einer Rede an seine Soldaten ihnen nahegelegt, sich in China so zu verhalten, wie einst die Hunnen in Europa (vgl. Kaminski 2000, S. 175ff.).

Das chinesische Vertrauen auf das westliche Völkerrecht wurde des Weiteren nicht dadurch gestärkt, dass China, welches von den Alliierten, in erster Linie durch Japan, zur Teilnahme am Ersten Weltkrieg gepresst worden war, 1919 in Paris als Siegermacht das ehemalige deutsche Pachtgebiet Qingdao und Umgebung an Japan abtreten sollte.

China war nach den Worten seines Präsidenten Xu „für die Aufrechterhaltung der Humanität und die Heiligkeit des Völkerrechts in den Krieg gezogen" (Pollard 1970, S. 46) und musste nun eine „totale Mißachtung der Gleichheit der Staaten und der Verträge feststellen" (King 1961, S. 4). Der Friedensordnung des Völkerbundes stand die chinesische Guomindang Regierung daher anfänglich sehr skeptisch gegenüber. Der neue Außenminister vom linken Flügel der Guomindang, Hu Hanmin, ließ bei seinem Amtsantritt im Juli 1925 erkennen, dass er bei der Durchsetzung außenpolitischer Ziele westlichen Regeln und Ordnungsvorstellungen wenig Raum geben würde. Er rief sogar dazu auf, mit unterdrückten und farbigen Völkern eine Gegenorganisation zum Völkerbund zu gründen (Hanmin 1925, S. 1ff.).

Diese Linie der Guomindang änderte sich, als Tschiang Kaischek die Macht übernahm und ab 1927 gegen den linken Flügel seiner Partei und die bis dahin mit ihm verbündet gewesenen Kommunisten vorging (vgl. Kaminski 1971, S. 71ff. und die dort angegebene Literatur). Dies bedeutete in gewissem Ausmaß eine Hinwendung zum Westen und eine zunehmende Bereitschaft, sich mit den Zielen des Völkerbundes zu identifizieren. Der Antikriegspakt 1930 wurde von China mit der Erklärung begrüßt, dass dieser geeignet sei, die Lehren der alten chinesischen Weisen zu verbreiten. Man bedauerte allerdings die mangelnde Universalität des Völkerbundes. Außerdem beteiligte sich China intensiv an der Haager Konferenz von 1930 zur Kodifizierung des Völkerrechtes.

Doch das neu gewonnene Vertrauen wurde mit einem Schlag zunichte gemacht, als der Völkerbund hinsichtlich der japanischen Okkupation der Mandschurei völlig versagte.[3] Zwar wurde an den chinesischen Universitäten von westlich ausgebildeten Professoren nach wie vor Völkerrecht unterrichtet, doch daneben gab es Unterricht über faschistisches Recht, von dem sich einige erwarteten, es könnte bei der Sicherung einer gleichberechtigten Stellung Chinas in der Staatenwelt von Vorteil sein. Sogar Adolf Hitler erhielt bewundernde Kommentare in chinesischen juristischen Magazinen (vgl. Kaminski 2001, S. 132).

Nach dem Welken der 100 Blumen („Laßt 100 Blumen blühen und 100 Schulen miteinander wetteifern.") in der chinesischen Volksrepublik im Herbst 1957 wurden im Zuge der Antirechtsabweichlerkampagne die westlich ausgebildeten chinesischen Juristen entfernt.

Prof. Chen Tiqiang, welcher mit dem Argument, man brauche ausgebildete Völkerrechter, um nach dem Einzug einer Pekinger Vertretung in die Vereinten Nationen dort mitreden zu können,

---

3 Vgl. Liang 1965, S. 75; Albrecht 1933; Yüen-li 1933, S. 1ff.; Wilhelm 1933, S. 235ff.; Meng 1934, S. 77f. Zur japanischen Auffassung über den Fall siehe Hikotaro 1971, S. 78ff. und Meng 1934, S. 81.

gerade zwar eine Völkerrechts-Gesellschaft gegründet hatte, wurde zum Ziel heftiger Kritik.[4]

Diese Entwicklung wurde während der Kulturrevolution (1966–1976) noch übertroffen. Der chinesische Außenminister Qiao Guanhua erklärte dem Autor im März 1972 unverblümt „In der Welt gibt es kein Recht." Qiao verwies im Zuge seiner geringschätzigen Bemerkungen über Jus und die Juristen auf die entsprechende Stelle in Goethes Faust. Vor den Vereinten Nationen erklärte er im Sinne der Unvermeidlichkeit eines künftigen Weltkriegs wiederholt „die Welt ist in großer Unordnung, die Lage ist daher ausgezeichnet" und „Es ist gleich, ob die Revolution den Krieg oder der Krieg die Revolution hervorbringt" sowie im Sinne des Auftrages Maos, die Freunde und Feinde zu unterscheiden, ermutige China gemeinsam mit den unterdrückten Nationen den internationalen Klassenkampf zu führen (Peking Rundschau, 19.10.1976, S. 13).

Diese Thesen waren keine Taktik, sondern die politische Führung Chinas glaubte fest daran. Im Dezember 1976 erklärte der damalige Vize-Parlamentspräsident und frühere Mitbegründer der Volksbefreiungsarmee Tan Zhenlin einer österreichischen Delegation im Beisein des Verfassers: „Der Weltkrieg wird binnen fünf Jahren ausbrechen."

Vor einem solchen Hintergrund war für Vertreter der westlichen Völkerrechtslehre kein Platz. Man beschuldigte die „bürgerlichen österreichischen Völkerrechter Verdross und Kelsen bewirken zu wollen, dass das Völkerrecht nicht von den Staaten angewendet

---

4   Auf einer Versammlung des Kreises für Rechtswissenschaft hatte Chen Tiqiang erklärt: „Die internationalen Beziehungen unseres Staates nehmen immer mehr zu und wen vom Institut für Völkerrecht wird man zu den Vereinten Nationen entsenden? Es ist nicht möglich, dass man den Standpunkt vertritt, alte Kader hinzusenden, sondern man muss Leute mit Fachkenntnissen schicken […]" (Bericht der Pekinger Volkszeitung vom 18.9.1957).

und gebraucht werde, sondern sie im Gegenteil kontrollierte". Dies bedeute, dass die Bourgeoisie ihr Völkerrecht anderen Staaten auferlegen wolle (Tao 1960). Mit der Übernahme der Macht durch Deng Xiaoping Ende der siebziger Jahre wurde von ihm dem nationalen wie dem internationalen Klassenkampf und dem Bekenntnis zur Unvermeidbarkeit des Krieges eine klare Absage erteilt (Chengxu 1996, S. 9 ff.; Kaminski 1999, S. 93 ff.). Es gelang ihm, die Linie der Notwendigkeit und Erhaltung des Weltfriedens beim 12. Parteiplenum im Jahre 1982 durchzusetzen.

Dengs Devise für die chinesische Außenpolitik war „Tao guang yang hui, bu yao dang tao", was den Rat zur Einhaltung eines niedrigen Niveaus in den internationalen Beziehungen, abzuwarten und keine Führungsrolle anzustreben, bedeutet. Deng war bereit, das bestehende westlich geprägte Regelwerk der Staatengemeinschaft und das Bekenntnis zu den Vereinten Nationen als geeignetes Instrument zur Friedenssicherung zu übernehmen (Yaqing 2012, S. 68).

Seit 1981 hat sich China, welches früher bei solchen Abstimmungen bewusst nicht vertreten war und sich später der Stimme enthielt, zum ersten Mal bereit erklärt, zu friedenserhaltenden Aktionen der Vereinten Nationen beizutragen. Doch Dengs Bekenntnis zum westlichen Modell der Friedenserhaltung blieb nach seinem Tod nicht unangefochten.

Ab den letzten Jahren des 20. Jahrhunderts waren in China ein zunehmender Trend zur Rückbesinnung auf die eigenen Wurzeln und ein steigender Nationalismus zu verzeichnen, welcher dann unter Xi Jinping auch die chinesische Führung erfasste (Guo 2009, S. 17 ff.; Pang 2011, S. 3362; Kaminski 2016). Es erfolgte eine Rückwendung zu Konfuzius, welcher die längste Zeit von der Kommunistischen Partei (KP), aber auch von liberalen Reformern wie Hu Shi verdammt worden war (Staiger 1969, S. 16 ff.; Louie 1980, S. 17 ff.). Slogans kamen auf wie „Wir müssen uns nicht die Füße abhacken, um in westliche Schuhe zu passen" oder „Wir brauchen keinen Platon, um Konfuzius zu bestätigen" oder wie es Guo Shijie von der Peking Universität ausgedrückt hat, „Es ist Zeit, dass der Westen von China lernt" (Weiwei 2012, S. 3, 56; Pang 2011, S. 3362). Im Zeichen der Neo-Sinisierung und der Skepsis gegenüber westlichen Einflüssen, welche mittlerweile alle Aspekte des chinesischen Lebens erfasst hat und sich sichtlich auch der Sympathie des chinesischen Parteivorsitzenden erfreut (Näheres bei Kaminski 2019), hat sich unter dem Namen Tianxia guan unter den chinesischen Thinktanks eine Schule gebildet, welche dem westlichen Modell von Friedenssicherung, gewährleistet durch multilaterale Verträge und die Institution der Vereinten Nationen, ein chinazentristisches Alternativmodell entgegenstellt.

Tianxia, wörtlich „Alles, was unter dem Himmel ist" war bis zum Ende der chinesischen Monarchie 1911 offizielle Bezeichnung für das chinesische Reich und brachte so den Anspruch des chinesischen Kaisers zum Ausdruck, dem Himmel stellvertretend für die ganze Welt gegenüberzustehen (Yu-lan 1983, S. 181, 188f.; Forke 1927, S. 38ff.; De Groot 1918, S. 6ff.). Vertreter dieser Tianxia Schule meinen, dass die Beziehungen der chinesischen Staaten untereinander (771-221 v. Chr.) und nach Reichseinigung 221 v. Chr. sowie das Verhältnis des chinesischen Kaisers zu den sogenannten Tributstaaten für die internationale Governance und Friedenssicherung ein besseres Modell seien, als die derzeit bestehende internationale Ordnung.

Unter den Anhängern der Tianxia Schule, welche sich in den neunziger Jahren zu formieren begann, war es als erster Zhao Tingyang, welcher mit seinem in China 2005 erschienenen Bestseller Tianxia Tixi: Shijie Zhidu Zhexue Daolun (Das Tianxia System: Eine Einführung in die Philosophie einer Weltinstitution) laut William A. Callahan Tianxia aus einer akademischen Debatte in den Fokus einer politischen Diskussion rückte (Callahan 2001, S. 92). Zhao meint, der chinesische Kaiser hätte durch Tugend und

Benevolenz die Herzen anderer Völker gewonnen, sodass sich diese freiwillig dem chinesischen Tributstaatensystem angeschlossen hätten. Er glaubt, dass die anderen Staaten, inklusive der USA, von dieser Art einer benevolenten und moralisch hochstehenden Führerschaft lernen könnten. Dieses chinesische System würde besser funktionieren als die Vereinten Nationen (Tingyang 2001, S. 30f.).

> "The UN has made great efforts to validate rational dialogue to replace conflict. There is no doubt that rational dialogue has had an impact in reducing wars and fighting, but not in conflict reduction, and instead has encouraged the strategic game of non-cooperation, thus universally enhancing the personality of the selfish maximizer. And, worse, the United Nations has no power to stop a superpower from universalizing itself alone in name of globalization. The UN is more of a political market for nations and less of an institution for the world itself" (Tingyang 2001, S. 30f.).

Die zweite wichtige Leitfigur in der Tianxia Schule ist Yan Xuetong, über dessen Buch „Ancient Chinese Thought, Modern Chinese Power" die New York Times ausführlich berichtete und welchem beim World Economic Forum in Davos 2012 eine Special Session gewidmet wurde.

Der benevolente Herrscher würde mit seiner unangefochtenen Autorität alle Staaten der Welt erreichen.

> "Relying on the authority of invincibility and a policy of winning people's support, one can win victories without wars, acquire without attacking. Troops in armor are not sent out and yet all under heaven submits" (Tingyang 2001, S. 87).

Andere Vertreter oder zumindest Sympathisanten der Tianxia Schule, zum Teil in abgewandelter Form, sind Qin Yaqing (2018), der schon obengenannte Zhang Weiwei und Zhang Feng (2011). Shan Chun, Professor an der chinesischer Universität für Politik und

Recht, gleichzeitig führendes Mitglied der in Peking befindlichen Internationalen Konfuzius Gesellschaft, erklärte dem Autor in einem Interview im August 2011, Konfuzius habe Richtlinien für die internationale Gemeinschaft gegeben. Die Beziehungen innerhalb der chinesischen Staatenfamilie im 1. Jahrtausend v. Chr. „sollten der chinesischen Diplomatie als Basis dienen, um in der Welt der Globalisierung akzeptiert zu werden." Dererlei Konzepte haben die ersten Jahre von Xi Jinpings Administration deutlich beeinflusst und spiegelten sich in seiner assertiven Politik wider begleitet von Tianxia Zitaten Xis in den Chinesischen Medien wie: „Xi Jinping: One Tianxia, One Home. There diplomatic golden sentences reach the hearts of the people" oder „Xi Jinping's Tianxia Weigang – the world is one" (Liu 2018; Gao 2018).

Zu diesen Gedanken einer chinesischen Prägung der Welt passt auch der Hinweis von Xi Jinpings Berater Wang Yiwei auf Voltaires Aussage „The European's greatest misfortune is that they cannot be Chinese" (Yiwei 2017, S. 14).

Xi Jinping selbst hat ebenfalls auf das Bekenntnis von Voltaire und Leibniz zum Weltbild des chinesischen Konfuzianismus hingewiesen (Jinping 2017, S. 555). Diese Tendenzen, die althergebrachten Modelle der Weltordnung und Friedenssicherung durch chinesische Gegenmodelle zu ersetzen, scheinen allerdings in letzter Zeit an ihre Grenzen zu stoßen. Der Tianxiaismus ist im Ausland, insbesondere bei den chinesischen Nachbarstaaten, aber auch in China selbst auf herbe Kritik gestoßen. Um einige repräsentative Beispiele herauszugreifen: Lisa Rofel (2017) schreibt in ihrem Artikel China's Tianxia Worldings: „I would agree that this postsocialist world is much farther away from any concept of tianxia than the socialist past." Die Direktorin für Asia Studies at the European Council for Foreign Relations bezeichnet Xis Außenpolitik als „ambitious and expansive" und setzt hinzu „He still has both the time and the power to correct this course" (Economy 2019, S. 224).

Kerry Brown (2018, S. 91) kommentiert zum Tianxia Modell: „This approach would place Chinese sovereignty and agency in a privileged position, recreating the hierarchy of the past […]. A communist Confucian global order has always seemed fanciful, despite Xi's eloquence."

Abgesehen von der Kritik aus chinesischen akademischen Kreisen (zum Beispiel Jilin 2018) veröffentlichte Global Times, welches als Sprachrohr der chinesischen KP fungiert, am 26.11.2016 einen Artikel, in welchem vor „blimpish patriotism and overdone confidence" gewarnt wird. Man habe Washington und Tokio unnötig gereizt und angesichts des langsameren Wachstums der chinesischen Wirtschaft sollte man Risiken bei der Belt und Road Initiative und den Argwohn anderer Mächte gegenüber dem offenen Streben nach militärischer Stärke berücksichtigen und sich besser in erster Linie um den Aufbau Chinas kümmern.

In letzter Zeit hat China den Fokus von den früheren „Kerninteressen" hinsichtlich der Inseln im Südchinesischen Meer abzogen, sich der EU gegenüber verbindlicher gezeigt und – nicht ganz ohne Bezüge auf konfuzianische Friedensdoktrin –, aber ohne den früher offen zur Schau getragenen Chinazentrismus, das Gewicht auf Harmonie in der Vielfalt der Meinungen, gemeinsame Interessen, das gemeinsame Schicksal der Menschheit und Win-Win-Situationen gelegt.

Vertrauliche Gespräche des Autors in den letzten Monaten mit Vertretern des Außenministeriums, des Parteiaußenministeriums und mit chinesischen Thinktanks haben ergeben, dass das Tianxia Modell derzeit kaum mehr ernst genommen wird, hingegen Dengs Ratschläge einer vorsichtigen Außenpolitik nach wie vor Gültigkeit hätten und man sich als ein Player – mit Verbesserungswünschen – im gegenwärtigen internationalen System verstehe. Chinas Chance sei noch nicht gekommen.

Literatur

Albrecht, Dietger. 1933. *Der chinesisch-japanische Konflikt und das Völkerrecht*. Leipzig: Universitätsverlag von Robert Noske.

Brown, Kerry. 2018. *The World According to Xi. Everything You Need to Know About the New China*. London: Bloomsbury Academic.

Callahan, William A. 2001. Tianxia, Empire and the World: Chinese Visions of World Order for the Twenty-First Century. In *China Orders the World: Normative Soft Power and Foreign Policy*, hrsg. von William A. Callahan und Elena Barabantseva, 92ff. Washington: Woodrow Wilson Center Press.

Chengxu, Yang. 1996. The Evolution of China's Perception on the Inevitability of World War. In *China's Perception of Peace, War and the World*, hrsg. von Gerd Kaminski, Barbara Kreissl, Constantine Tung. Berichte des Österreichischen Instituts für China- und Südostasienforschung 35 (Doppelnr.): 9–14.

Chün-pei, Hung. 1971. *Chʻun-Chʻiu-Kuo-chi Kung-Fa (Das Völkerrecht der Frühlings- und Herbstperiode)*. Taipei: o. V.

De Groot, Jan Jakob Maria. 1918. *Universismus – Die Grundlage der Religion und Ethik, des Staatswesens und der Wissenschaften Chinas*. Berlin: Reimer.

Economy, Elizabeth C. 2019. *The Problem with Xi's China Model*. Durham, NC: Duke University Press.

Fairbank, John K. 1968. Sinocentrism and its Problems. In *The Chinese World Order*, hrsg. von John K. Fairbank, 1–19. Cambridge, MA: Harvard University Press.

Feng, Zhang. 2011. The Rise of Chinese Exceptionalism in International Relations. *European Journal of International Relations* 19 (2): 305–328.

Fitzgerald, Charles Patrick. 1965. Das politische Selbstverständnis Chinas in der Welt von gestern und heute. *Europa-Archiv: Zeitschrift für Internationale Politik* 23.

Forke, Alfred. 1927. *Die Gedankenwelt des chinesischen Kulturkreises*. München: R. Oldenbourg.

Gao, Y. 2018. Tianxia zhi Ben zai Guo, Guo zhi ben zai Jia, Zhongguo zhi Sheng. http://china.cnr.cn/yaowen/20180215/t20180215_524136549.shtml. Zugegriffen: 07. März 2018.

Guo, Yingjie. 2009. *Cultural Nationalism in Contemporary China*. New York, NY: Routledge Studies on China in Transition.

Gützlaff, Carl. 1836. *Geschichte des chinesischen Reiches*, Bd. 2. Quedlinburg: Basse.
Hanmin, Hu. 1925. *Selected Documents and Addresses*. Kanton: Ministry of Foreign Affairs of the Nationalist Government of the Republic of China.
Hikotaro, Ando. 1971. *Nihonjin no chugokukan (Die japanische Ansicht über China)*. Tokio: Keiso shobo.
Hsü, Immanuel C. Y. 1968. *China's Entrance into the Family of Nations*. 2. Aufl. Cambridge, MA: Harvard University Press.
Izumi, Tetsu. 1982. International Custom of the Ch'un Ch'iu Period. *Kokusaiho Gaikozasshi* 27 (3): 205.
Jilin, Xu. 2018. The New Tianxia. https://u.osu.edu/mele/2018/10/18/xu-jilin-the-newtianxia/. Zugegriffen: 01. September 2019.
Jinping, Xi. 2017. Work together to Build the Belt and Road, speech at the opening of the Belt and Road Forum for International Cooperation, 14. Mai 2017. http://www.xinhuanet.com/english/2017-05/14/c_136282982.htm. Zugegriffen: 01. September 2019.
Kaminski, Gerd. 1971. *China-Taiwan*. Frankfurt a. M.: Athenäum.
Kaminski, Gerd. 1972. *Chinas Völkerrecht und Außenpolitik: Historische Grundlagen*. Wien: Bastei-Verlag.
Kaminski, Gerd. 1999. Wenn ein Gewitter kommt, pfeift der Wind von der Burg – Vom Klassenkampf der Menschen und Staaten zur Absicherung der Rechte auf staatlicher und internationaler Ebene. In *50 Jahre Volksrepublik China*, hrsg. von Gerd Kaminski und Barbara Kreissl, 93–107. Wien: Österreichisches Institut für China- und Südostasienforschung.
Kaminski, Gerd. 2000. *Der Boxeraufstand – entlarvter Mythos*. Wien: Löcker Verlag.
Kaminski, Gerd. 2001. National Governance versus Private Governance in Europe and Asia: The Contribution of the Chinese „NGOs". In *The Role of the Individual vis-à-vis the Familiy, Society and State*, hrsg. von Ludwig Boltzmann Institute for Research on China and East Asia and Asia Europe Foundation. Singapore: ASEF.
Kaminski, Gerd. 2016. Xi Jinpings Chinesischer Traum und die chinesische Außenpolitik. In *Wen versus Wu. Streit und Streitschlichtung. Krieg und Frieden in der chinesischen Tradition und Gegenwart. Harmonie im Zeichen der Neuen Seidenstraße?*, hrsg. von Gerd Kaminski, 216–259. Wien: Österreichisches Institut für China- und Südostasienforschung.

Kaminski, Gerd. 2019. Traditional Chinese Elements in Xi Jinping's Socialism with Chinese Characteristics in a New Era. In *Chinese Strategies in Politics, Foreign Policy, Security Policy, Economy and Law*, hrsg. von Gerd Kaminski, 20–70. Wien: Österreichisches Institut für China- und Südostasienforschung.

King, Wunsz. 1961. *China at the Paris Peace Conference in 1919*. New York, NY: St. John's University Press.

Legge, James. 1892. *The Chinese Classics*. London: Trübner.

Li, W. 2018. Renminribao Haiwai Ban. http://paper.people.com.cn/rmrbhwb/html/2018-01/31/content_1833725.htm. Zugegriffen: 07. März 2019.

Liang, Chin-tung. 1965. The Background of the Manchurian Affair, September 18, 1931. *Chinese Culture* 6 (4): 75.

Liu, W. 2018. CCTV Website. http://news.cctv.com/2018/06/23/ARTI9HHB1V9pD2SdU3RMoSCf180623.shtml. Zugegriffen: 07. März 2019.

Louie, Kam. 1980. *Critiques of Confucius in Contemporary China*. NEW York, NY: St. Martin's Press.

Martin, William Alexander Parsons. 1882. Les Vestiges d'un Droit International dans l'Ancienne Chine. *Revue de Droit International et de Législation Comparée* 14: 227–342.

Martin, William Alexander Parsons. 1885. La Chine et le Droit International. *Revue de Droit International et de Législation Comparée* 17: 504–516.

Martin, William Alexander Parsons. 1900. *A Cycle of Cathay*. New York, NY: Fleming H. Revell.

Meng, Chih. 1934. *China spricht. Der Streitfall zwischen China und Japan*. Berlin: Gaillard.

Morse, Hosea Ballou. 1964. *The International Relations of the Chinese Empire*, Bd. 1. Taipei: Chungua Ts'ung Shu.

Nakamura, Shigo. 1894. On International Law in the Ch'un Ch'iu and Chan Kuo Period. *Kokka Gakkai Zasshi* 8 (92): 827.

Pang, Qin. 2011.The Rise of Cultural Nationalism in Contemporary China: The Main Content and Causes. *Elixir Social Science* 36: 3361–3365.

Po-chi, Liu. 1962. *Chun Chiu Hui-Meng Cheng-Chih (Die Staatenkonferenz und die Allianzpolitik der Frühlings- und Herbstperiode)*. Taipei: Chungua Ts'ung Shu.

Pollard, Robert T. 1970. *China's Foreign Relations 1917–1931*. New York: The Macmillan Company.

Rofel, Lisa. 2017. China's Tianxia Worldings. In *Chinese Visions of World Order*, hrsg. von Ban Wang, 212–236. Durham, NC: Duke University Press.

Staiger, Brunhild. 1969. *Das Konfuzius-Bild im kommunistischen China. Die Neubewertung von Konfuzius in der chinesisch-marxistischen Geschichtsschreibung.* Wiesbaden: Otto Harrassowitz.

Teng, Ssu-Yu und John K. Fairbank. 1979. *China's Response to the West*. Harvard, MA: Harvard University Press.

Thomas, Elbert Duncan. 1927. *Chinese Political Thought*. New York, NY: Prentice-Hall.

Tingyang, Zhao. 2001. Rethinking Empire from the Chinese Concept, All-under-Heaven. In *China Orders the World: Normative Soft Power and Foreign Policy,* hrsg. von William A. Callahan und Elena Barabantseva, 329–41. Washington: Woodrow Wilson Center Press.

Weiwei, Zhang. 2011. *The China Wave*. Hackensack, NJ: World Century Publishing Corporation.

Wilhelm, Hellmut. 1933. Der chinesisch-japanische Konflikt und die Rechtsgrundlage der japanischen Stellung in den drei Ostprovinzen Chinas (Mandschurei). *Zeitschrift für ausländisches öffentliches Recht und Völkerrecht* 3: 235–248.

Wimmer, Gottlieb August. 1838. *Geschichte der geographischen Entdeckungsreisen zu Wasser und zu Lande*, Bd. 3. 2. Aufl. Wien: Gerold.

Wu, Tang. 1957. *Zhongguo yu Guojifa (China und das Völkerrecht)*, Bd.1. Peking: o. V.

Yaqing. Qin. 2007. Why is there No Chinese International Relations Theory? *International Relations of the Asia-Pacific* 7 (3): 313–340.

Yaqing, Qin. 2012. Culture and Global Thought: Chinese International Theory in the Making. *Revista CIDOB d'Afers Internacionals* 100: 67–89.

Yaqing, Qin. 2018. *A Relational Theory of World Politics*. New York, NY: Cambridge University Press.

Yiwei, Wang. 2017. *China Connects the World. What Behind the Belt and Road Initiative.* Beijing: China Intercontinental Press.

Yüen-li, Liang. 1933. Rechtsprobleme des Mandschureikonflikts. *Zeitschrift für Völkerrecht* 17: 1–12.

Yu-lan, Fung. 1983. *A Short History of Chinese Philosophy*. Princeton, NJ: Princeton University Press.

Rechtstraditionen, Legitimierung von Gewalteinsatz und gerechter Frieden
Synthese und Ausblick

Wolfgang S. Heinz

1 Einleitung

Für das Thema Frieden und Einsatz von Gewalt zwischen Staaten ist die Erörterung von Rechtstraditionen von besonderem Interesse, geht es doch hier um den historischen Kontext der Entstehung nationaler Rechtstraditionen und -positionen. Dies muss nicht auf eine vereinfachte Verursachungsthese verkürzt werden, nach der ein bestimmter historischer Kontext automatisch zu einer bestimmten Rechtskonzeption führt, fragt aber schon nach Strukturfaktoren, wie zum Beispiel dem Einfluss von Geographie, politischem System und Möglichkeiten eines eher freien Diskurses in der Völkerrechtswissenschaft (ein Überblick zum Begriff Rechtstraditionen bei Duve 2018). Und natürlich steht auch die Frage nach der Steuerung zwischen Politik und internationalem Recht im Raum (vgl. Niederberger 2011).

Da nationale Rechtstraditionen häufig in einem engen Verhältnis zur Außenpolitik und ihren Diskursen stehen, sind Rechtsverständnisse für die Legitimierung, aber auch Beschränkung außenpolitischen Handelns von großer Bedeutung. Besonders

© Springer Fachmedien Wiesbaden GmbH, ein Teil von Springer Nature 2020
S. Jäger und W. S. Heinz (Hrsg.), *Frieden durch Recht – Rechtstraditionen und Verortungen*, Gerechter Frieden, https://doi.org/10.1007/978-3-658-28715-3_8

Positionen zum Gewaltverbot nach Art. 2 Abs. 4 der UN-Satzung sind von besonderem Interesse, ebenso wie Politikansätze mit dem Ziel, Frieden zu fördern und die Einhaltung des Völkerrechtes zu gewährleisten.

Zu Recht betont ein Beitrag in diesem Band, dass die Völkerrechtswissenschaft stets Ausdruck eines Völkerrechtsverständnisses sei, das umso weiter begriffen und umso kritischer betrachtet werden müsse, als Macht und Interessen darin Eingang fänden und dass sich stärker noch in der Außenpolitik, das heißt in politischen Positionen und Stellungnahmen, machtgeleitete Argumentationsmuster fänden, die auf das Völkerrechtsverständnis zurückwirkten (vgl. Beitrag Haedrich in diesem Band). Ob Völkerrecht zu politisch sei, ist eine immer wieder diskutierte Frage (vgl. Koskenniemi 1990, S. 9ff.).

Aus den vielen behandelten Aspekten des Bandes werden im Folgenden drei Themen in den Vordergrund gestellt: historische Prägung von Rechtstraditionen, Stellung zum Einsatz von Gewalt und möglichen Interventionen zur Durchsetzung nationaler Interessen und der Einsatz von Gewalt zur Durchsetzung des Friedens und zur Gewährleistung der Einhaltung des Völkerrechts. Auch die Frage des politischen Rahmens völkerrechtswissenschaftlicher Arbeit wurde in einigen Beiträgen aufgenommen.

2 Historische Prägungen: Einige Determinanten

Erkenntnis fördernd ist der historische Kontext, weil durch ihn deutlich wird, wie innerhalb der Staaten nationale Interessen interpretiert sowie juristisch begründet werden und versucht wird, sie in Interaktion mit ihrer internationalen Umwelt durchzusetzen. Hier

Synthese und Ausblick

zeigen sich bei den Beiträgen naturgemäß erhebliche Unterschiede, was zu verschiedenen Schwerpunkten in den Länderbeiträgen führt.

So hat sich in Ländern wie Frankreich und Großbritannien der Nationalstaat früh herausgebildet, und beide waren aktive Akteure in einer großen Zahl von Kriegen in Europa, wo Theorie und Praxis des Rechts auf Führung von Kriegen und Friedensschlüsse eine zentrale Erfahrung der Beziehungen zwischen den Staaten darstellten.

Dagegen kam es bekanntlich in Deutschland erst spät zur Herausbildung von Staat und Nation und es gehörte dann zum Konzert der europäischen Großmächte. Andere Erfahrungen waren in der Sowjetunion, später der Russischen Föderation, und in China maßgeblich. In der Sowjetunion wurde in der Theorie von der friedlichen Koexistenz unterschieden zwischen einem allgemeinen-demokratischen Völkerrecht, einem Völkerrecht, das allein zwischen bürgerlichen Staaten zur Anwendung kommt, und einem Völkerrecht zwischen den sozialistischen Staaten (vgl. Beitrag Haedrich in diesem Band).

Für das Kaiserreich China umreißt Gerd Kaminski in einem großen historischen Bogen das Bild eines Großreiches, das schon früh in einem regionalen internationalen System mit anderen Staaten verbunden war, die in einem Tributverhältnis zum chinesischen Kaiser standen. Es nahm selbst die Rolle des Hegemon ein (später, in den 1990er-Jahren, als wohlmeinende und moralisch hochstehende Führung interpretiert, siehe Abschnitt 5). Eine Staatenliga ersetzte die frühere friedenssichernde Zentralgewalt des Königs. Der Vertrag von 650 v. Chr. umfasste Artikel unter anderem über die Ordnung innerhalb der Familien und Schutzbestimmungen für Alte, Jugendliche und Fremde. Grenzziehungen wurden durch auf Staatenkonferenzen geschlossenen multilateralen Verträgen geregelt.

Im Deutschen Kaiserreich entwickelten sich zwei Linien des Völkerrechtssprechens. Orientierten sich liberale Völkerrechtler an einer Verrechtlichung der internationalen Beziehungen in Anlehnung an Immanuel Kant, vertraten konservative eine eigene, auf Machtpolitik ausgerichtete, Sprache des Rechts. In der Rechtslehre nahm damit das Spannungsverhältnis zwischen der neuen Souveränität und politischen Macht und der internationalen Ordnung zu (vgl. Beitrag Brock und Simon in diesem Band).

3 Auch angesichts des Gewaltverbotes ... wann sind legitime, legale Interventionen möglich?

Zentrale Fragen für den Frieden sind, wie Gefahren der Aggression und des Krieges möglichst früh zu bannen sind. In welchem Umfang halten sich Staaten an das Verbot der Androhung oder des Einsatzes von Gewalt nach Artikel 2, Abs. 4 UN-Satzung, der nur die drei Ausnahmen zulässt: Selbstverteidigung bei einem Angriff nach Artikel 51, kollektive Sicherheitsmaßnahmen nach Kapitel 7 UN-Satzung sowie Einladung zur Intervention eines Staates an einen anderen Staat?

Im Hinblick auf das Völkerrecht und seine Interpretation stellt sich nach Paulina Starski die Frage nach der Grenze zwischen dynamischer Auslegung, einer Rechtsänderung und einem Rechtsbruch, und sie verweist auf die Wiener Vertragsrechtskonvention, nach der „jede spätere Übung bei der Anwendung" eines völkerrechtlichen Vertrags, „aus der die Übereinstimmung der Vertragsparteien über seine Auslegung hervorgeht", bei der Auslegung völkervertraglicher Normen zu berücksichtigen sei (Art. 31 Abs. 3 lit. b). Bei den behandelten Staaten lassen sich völkerrechtliche Interpretationen erkennen, die manchmal auf eigenwillige, auch

Synthese und Ausblick

extensive oder offene Herausforderungen des völkerrechtlichen Gewaltverbots verweisen.

Unter den betrachteten Rechtstraditionen sind offensichtlich die angelsächsische und die französische besonders bedeutsam, weil die USA, Großbritannien und in geringerem Umfang Frankreich häufig an militärischen Auslandseinsätzen beteiligt waren. In den angelsächsischen Ländern hat sich das Konzept einer „konditionierten" Souveränität durchgesetzt. Dem Schutz des Staates vor gewaltsamen Interventionen durch Souveränitätsprinzip, Gewaltverbot und Interventionsverbot steht die Erfüllung bestimmter Grundpflichten gegenüber. Würden diese nicht erfüllt – etwa wenn der Staat seine eigene Bevölkerung nicht zu schützen vermag oder gewaltsam gegen diese vorgeht –, verliere er diesen Schutz und könnte zu einem Objekt militärischer Interventionen werden. Wichtige Kriterien sind der fehlende Willen oder das Unvermögen des Staates, sein Versprechen des Schutzes gegenüber seiner Bevölkerung zu erfüllen, seine Pflicht, terroristische Aktivitäten auf eigenem Territorium zu unterbinden und andere Staaten nicht mit Massenvernichtungswaffen zu bedrohen (vgl. Beitrag Starski in diesem Band).

In Frankreich orientiert sich die außenpolitische Praxis an den Begriffen Recht, Frieden und Gewaltanwendung zur Rechtsdurchsetzung oder Friedenswahrung. Recht und rechtmäßige Gewaltanwendung seien keine Antagonisten, sondern bisweilen komplementär. Recht könne auch gewaltsam eingefordert werden bei einem drohenden Genozid oder anderen Gräueltaten an der Zivilbevölkerung. Die Regierung engagiert sich bei der Interpretation und Fortentwicklung des Völkerrechtes und bemüht sich um ein Mandat des Sicherheitsrates (vgl. Beitrag Moser in diesem Band).

Dagegen treten China und die Russische Föderation im Rahmen der Vereinten Nationen sehr skeptisch gegenüber dem Einsatz von Gewalt auf und rangen sich nur selten im Sicherheitsrat dazu durch, eine solche zu ermöglichen. Das bekannteste jüngste Beispiel ist dessen Resolution 1973 zu Libyen, in der unter anderem der Einsatz von Bodentruppen explizit ausgeschlossen wurde. Als es um das Eingreifen auf der Krim ging, bezog sich die Russische Föderation jedoch wenig bis überhaupt nicht auf eine völkerrechtliche Argumentation, sondern verwies auf besondere historische Beziehungen zwischen Russland und der Krim.

In der westlichen Tradition gab und gibt es häufig Versuche des politischen Einflusses, um Interventionen in der eigenen Region und darüber hinaus zu fordern, durchzuführen und zu rechtfertigen. Dies gilt besonders für die USA, und das bekannteste Beispiel ist die Monroe Doktrin für Lateinamerika. Historisch bedeutsam für Europa ist bei der militärischen Gewaltanwendung die unterschiedliche Behandlung der Kolonien im Vergleich zu anderen europäischen Staaten (vgl. Kämmerer 2006).

Den angelsächsischen Ansatz zum Gewaltverbot und rechtserhaltender Gewalt kennzeichnet Starski als „eine elastische" Reglementierung der Gewaltanwendung, die diese gerade nicht verrechtlichen soll. Für ihn ist häufig ein Pragmatismus und Realismus angesichts angenommener politischer Notwendigkeiten charakteristisch, wozu auch Idealismus, das Streben nach Verwirklichung höherer moralischer Prinzipien und Werte gehörten. Besonders der US-amerikanische Anspruch bestehe darauf, eine Sonderrolle einzunehmen mit Verweis auf nationale Sicherheitsinteressen, „moralism"/„universalism" und das „common good". In den letzten zwanzig Jahren stellen Rechtfertigungen für militärisches Eingreifen vor allem auf humanitäre/menschenrechtliche Motive (Kosovo, Libyen, internationale Schutzverantwortung), Sicherheitsfragen wie Massenvernichtungswaffen (Irak 2004, Drohungen der USA gegenüber Nordkorea) und Terrorismusbekämpfung ab. Auch war eine Interventionsneigung bei Militäroperationen zur Abwehr terroristischer Gefahren gegenüber von Staaten sichtbar, die zu keiner militärischen Intervention eingeladen hatten, etwa das militärische Vorgehen in Syrien gegen dem sogenannten Islamischen Staat.

Der Einsatz von militärischer Gewalt wurde im Westen wiederholt damit gerechtfertigt, der Sicherheitsrat sei blockiert. „Blockiert" heißt hier in der Regel, dass sich die westlichen politischen Vorstellungen im Sicherheitsrat nicht haben durchsetzen lassen – eine eher fragwürdige Formulierung. Denn würden andere Staaten, die sich nicht durchsetzen konnten, den Sicherheitsrat als blockiert bezeichnen und daraus unilaterale Handlungsbefugnisse ableiten, ihre eigene Politik verfolgen, wäre das offensichtlich das Ende jeden multilateralen Systems. Gleichwohl muss eingeräumt werden, dass es im außenpolitischen und tatsächlich auch Interesse der Durchsetzung des Völkerrechts liegen kann, Bevölkerung vor willkürlicher Gewalt durch den eigenen Staat zu schützen – auch ein gewichtiges und legitimes politisches Ziel. Denn Recht muss eben auch zu Schutz führen. Hier zeigt sich ein viel diskutiertes Dilemma, das sich nur schwer eindeutig in eine Richtung auflösen lässt (zu der Frage der internationalen Schutzverantwortung vgl. Werkner und Marauhn 2019).

Bruno Simma (2002) hat im Fall Kosovo das westliche Vorgehen als lässliche Sünde bezeichnet, eine Auffassung, der sicher nicht alle Völkerrechtler folgen:

> „Ich würde daher Folgendes sagen: Wenn die humanitäre Motivation ausschlaggebend war, dann war das ein Vorgehen der NATO, das ich mit dem geltenden Völkerrecht zwar nicht im Einklang sehen kann, das aber doch entschuldbar war. Deswegen gebrauchte ich hierfür auch den Ausdruck von der ‚lässlichen Sünde'. […] Ich meine jedenfalls, dass es für Staaten völkerrechtliche Entscheidungen gibt, bei denen man zwar weiß, dass sie mit dem geschriebenen Völkerrecht unvereinbar sind, dass aber bestimmte Dinge trotzdem getan werden müssen, weil es dafür gute moralische Gründe gibt."

In der Russischen Föderation gilt nach Martina Haedrich, dass der Widerspruch zwischen der Anwendung des allgemeinen Völkerrechtes auf globaler und regionaler Ebene in der Sowjetära nicht verschwunden sei, sondern mit dem Konstrukt des „Nahen Auslands" weiter existiere. Aus einer besonderen Stellung der früheren Sowjetrepubliken im Verhältnis zu Russland werde die Souveränität dieser Staaten eingeschränkt und eine Renationalisierung angestrebt. Im Gegensatz zu seinem strikten Souveränitätsverständnis verfolgt Russland in den Vereinten Nationen eine regionale Außenpolitik und demonstriert damit autoritäre und die Souveränität begrenzende Tendenzen. Abweichungen vom Völkerrecht werden hingenommen mit Blick auf das „Prinzip der souveränen Gleichheit, des Nichteinmischungsverbots und der territorialen Integrität gegenüber dem „Nahen Ausland", die in das System des Völkerrechts eingreifen" (Beitrag Haedrich in diesem Band).

Frieden durch rechtsprechende Gewalt

Einige Beiträge behandeln die Rolle von Gerichten. Generell ist der Einfluss rechtsprechender Gewalt auf die Außenpolitik gering. So verweist Starski darauf, dass im Vereinigten Königreich die Entscheidung zur Gewaltanwendung bei der Exekutive monopolisiert sei und in den USA Monopolisierungstendenzen existierten. Auch in Frankreich zeigt sich ein nur begrenzter Einfluss. Die gerichtliche Kontrolle extraterritorialen militärischen Handelns in Frankreich ist nur schwach ausgeprägt und eine Staatshaftung bei Militäreinsätzen wird verneint (vgl. Beitrag Moser in diesem Band).

In Deutschland war die Frage der extraterritorialen Wirkung des Grundgesetzes Gegenstand von Entscheidungen des Bundesverfassungsgerichts (interessant etwa das Urteil des Bundesverfassungsgerichtes zum Tätigwerden des BND auf fremdem Hoheitsgebiet [Krieger 2008]). Jüngst wurde im Fall der Klage einer jemenitischen

Familie gegen Drohnenangriffe über den US-Luftwaffenstützpunkt Ramstein vom Oberverwaltungsgericht Nordrhein-Westfalen entschieden, dass die Bundesregierung

> „sich durch geeignete Maßnahmen zu vergewissern hat, dass eine Nutzung der Air Base Ramstein durch die Vereinigten Staaten von Amerika für Einsätze von unbemannten Fluggeräten, von denen Raketen zur Tötung von Personen abgeschossen werden […] nur im Einklang mit dem Völkerrecht nach Maßgabe der Urteilsgründe stattfindet, sowie erforderlichenfalls auf dessen Einhaltung gegenüber den Vereinigten Staaten von Amerika hinzuwirken" (OVG Münster 2019).

4 Einsatz von Gewalt zur Durchsetzung des Friedens und zur Einhaltung des Völkerrechts

Die angelsächsische Perspektive ist hier weitgehend identisch mit dem bereits in Kapitel 3 umrissenen Ansatz. Der Souveränitätsbegriff wird relativiert mit Bezug auf einzuhaltende Grundpflichten der Staaten, das Verständnis einer konditionierten oder auch kontingenten Souveränität herrscht vor. Zentrale Rechtfertigungsachse ist das Recht auf Selbstverteidigung nach Art. 51 UN-Satzung, das expansiv ausgelegt wird. Nach Starski scheint unterschieden zu werden zwischen dem positiven Recht und einem „höheren" Recht (Gerechtigkeit), das in manchen Fällen nur gewaltsam durchgesetzt werden könne. „Gewaltanwendung gilt als in den Realitäten der Welt notwendiges Mittel zur Durchsetzung höheren Rechts und zur Etablierung nachhaltigen Friedens" (Beitrag Starski in diesem Band, S. 89).

Die französische Konzeption von dauerhaftem internationalen Frieden bezieht sich nach Moser auf drei Säulen, dem generellen völkerrechtlichen Gewaltverbot, dem Zwang der Konfliktparteien zur friedlichen Streitbeilegung und – bei Missachtung der positivrechtlichen Verpflichtungen – der Möglichkeit von Sanktionen, inklusive einer erzwungenen Rechtsbefolgung durch international mandatierte Gewaltanwendung. Frankreich verfolgt eine stringente Kodifizierungs- und Institutionalisierungspolitik mit der Zielvorstellung, in Europa und der Welt ein friedvolles Nebeneinander zu garantieren. Ein militärisches Eingreifen zur Stabilisierung und Friedenswahrung ist immer eine Handlungsmöglichkeit zur Erreichung dieses Ziels. Eine wichtige Initiative war der Einsatz für eine Reform des Vetos im UN-Sicherheitsrat. Präsident François Hollande schlug 2013 der UN-Generalversammlung vor, die ständigen Mitglieder des UN-Sicherheitsrats sollten sich freiwillig und gemeinsam verpflichten, bei Massengräueltaten nicht von ihrem Vetorecht Gebrauch zu machen.

Die Bundesrepublik hat sich nach 1949 klar zum Völkerrecht in Grundgesetz, Gesetzgebung und Rechtsprechung bekannt. Lange Zeit war die Beteiligung an militärischen Operationen außerhalb des Bündnisrahmens ein Problem, das jedoch mit dem Urteil des Bundesverfassungsgerichts von 1994 gelöst wurde. Deutschland wurde über den Einsatz der Bundeswehr zur Landesverteidigung hinaus der Beitritt zu Systemen gegenseitiger kollektiver Sicherheit möglich gemacht. Es bildete sich ein weitreichender Konsens heraus, dass ein militärisches Eingreifen nur als letzter Schritt vertretbar wäre und der Schwerpunkt auf systematischen Bemühungen um Prävention und nicht-militärischer Hilfe für Regierungen liegen sollte (Auswärtiges Amt 2017). Als ein wesentlicher Unterschied in der Auffassung zur Rolle des Völkerrechts wird herausgearbeitet, dass in den USA vor allem auf die Befähigung zum staatlichen Handeln abgehoben wird, während in Deutschland dessen Begrenzung im Vordergrund steht (vgl. Beitrag Brock und Simon in diesem Band).

Synthese und Ausblick

Bei Auslandsmissionen der Bundeswehr spielten in den letzten Jahren Trainingsmissionen die entscheidende Rolle, etwa in Afghanistan und in Mali. Eine Ausnahme, in der Öffentlichkeit, in Bundestagsdebatten und rechtswissenschaftlich im begrenzten Rahmen diskutiert, war der Einsatz gegen den sogenannten Islamischen Staat in Syrien, politisch nachvollziehbar, aber völkerrechtlich kontrovers diskutiert (Wissenschaftliche Dienste des Deutschen Bundestages 2018).

In China ging die politische Führung im Dezember 1976 davon aus, ein Weltkrieg werde in fünf Jahren ausbrechen. Völkerrechtler wie Verdross und Kelsen wurden kritisiert, sie verträten die Auffassung, dass das Völkerrecht nicht von den Staaten angewendet werde, sondern sie im Gegenteil kontrollieren sollte. Nachdem unter Deng Xiaoping der nationale wie der internationale Klassenkampf und das Bekenntnis zur Unvermeidbarkeit des Krieges klar abgelehnt wurden, akzeptierte das 12. Parteiplenum im Jahre 1982 die Notwendigkeit und Erhaltung des Weltfriedens. Deng setzte sich auch für das bestehende Völkerrecht und das Bekenntnis zu den Vereinten Nationen als geeignetes Instrument zur Friedenssicherung ein (vgl. Beitrag Kaminski in diesem Band).

5 Politische Rahmenbedingungen von Forschung und Diskurs in der Völkerrechtswissenschaft

Für die Kenntnisverbreitung über das Völkerrecht und seine Anwendung sind offensichtlich wirksame Institutionen, universitäre Ausbildung und Dialogformate notwendig, die möglichst unabhängig von Regierungs- oder anderen Interessen arbeiten können sollten. In einigen Beiträgen werden Hinweise hierzu gegeben.

In Russland ist nach Haedrich ein Großteil der russischen Völkerrechtler in staatlichen Institutionen und internationalen Gremien tätig. Auch nach dem Generationenwechsel fänden sich nur wenig Veränderungen in den Positionen. Das Verhältnis der russischen Völkerrechtswissenschaft zur Außenpolitik gestalte sich annähernd so, wie dies in der Sowjetära der Fall war. Die Auffassungen der Völkerrechtler stimmten weitgehend mit den politischen Interessen und Zielen der Regierung überein. Strömungen und Denkschulen seien nicht festzustellen.

Zu China berichtet Kaminski über einige Diskussionen zur erwünschten internationalen Rolle Chinas. Seit dem Ende des 20. Jahrhunderts zeige sich in China ein zunehmender Nationalismus, der auch auf die gegenwärtige chinesische Führung ausstrahlt. Eine Argumentationslinie propagierte eine Rückwendung zu Konfuzius, der früher verschiedentlich verdammt worden war. In eine andere Richtung argumentierten einige chinesische Wissenschaftler. Das alte chinesische Tianxia-Prinzip (Inklusion aller unter einem Himmel) sei der bestehenden Weltordnung überlegen. Hier handelte es sich um ein chinazentrisches Modell (siehe zum Beispiel Zhao 2020). Allerdings sind diese Vorschläge nach einiger Kritik wieder in den Hintergrund getreten und China orientierte sich weiter am multilateralen System, das gegenwärtig unter erheblichem Druck aus verschiedenen Richtungen steht. Zeitlich begrenzt waren in China offensichtlich mehrere Argumentationslinien möglich, allerdings nur im Rahmen der Grenzen, die die Kommunistische Partei setzt.

Für Deutschland verweisen Lothar Brock und Hendrik Simon mit Blick auf die erwähnten zwei Sprachen und somit darauf, dass liberale Völkerrechtler wie von Liszt politisch weitgehend einflusslos geblieben seien, da die konservative Völkerrechtspolitik des Kaiserreichs Juristen bevorzugte, die den Dualismus von Souveränität und Rechtsordnung klar zugunsten eigenständiger

Handlungsfähigkeit beantworten. Häufig waren es auch Rechtswissenschaftler mit einer engen persönlichen und ideologischen Nähe zum deutschen Militär.

6 Nicht nur Staaten als Akteure? Die Rolle der Religion

Rechtstraditionen und Völkerrecht werden vor allem im Rahmen von Politik, besonders Regierung und Rechtswissenschaft, diskutiert und weiterentwickelt. Es stellt sich die Frage, welche anderen Akteure hier Beiträge leisten sollten. André Munzinger fordert eine stärkere Beachtung des religiösen Faktors. Bei der Vermessung des globalen Raums sei zu klären, welche Rolle dabei Religion spielt, wobei zu beachten ist, dass Kirche und Religion keine global-einheitlichen Begriffe sind. Er stellt vier Modelle zur Diskussion und regt an, die Rivalität zwischen Recht und Religion in eine kluge Arbeitsteilung auf globaler Ebene zu überführen. Mit Verweis auf Rainer Prätorius solle sich Öffentliche Religion nicht mit Einzelfragen der politischen Entscheidungsfindung befassen, sondern mit grundlegenden Fragen der Richtungs- und Zielvorstellung einer Gesellschaftsordnung. Nur auf diese Weise ließe sich nach Konrad Raiser die Trennung von staatlicher Macht und den berechtigten öffentlichen Interessen der Religion(en) begründen und in eine transnationale Weltordnung überführen, eine Idee, die noch zu präzisieren wäre. Wenn aber Souveränität im globalen Ordnungsgefüge neu bestimmt wird, müssten neben rechtlichen auch religiöse Identitätsmarkierungen berücksichtigt werden.

7 Schlussbetrachtung

Zusammenfassend lassen sich einige zentrale Ergebnisse festhalten. Offensichtlich spielen für den Grad der Einhaltung des Völkerrechts historische außenpolitische Erfahrungen, politisches System und politische Ideengeschichte und Entwicklung der Völkerrechtswissenschaft eine erhebliche Rolle, auch wenn sich die hier behandelten Staaten meist zur Einhaltung des Völkerrechts bekannten – dessen Interpretation ist eine andere Frage.

Beim Umgang mit dem Gewaltverbot nach der UN-Satzung wurde deutlich, dass in den letzten zwanzig Jahren alle behandelten Staaten außer China Militäreinsätze im Ausland durchgeführt haben, mit und ohne Zustimmung des UN-Sicherheitsrates, manchmal unter Rückgriff auf eigenwillige Auslegung und Fakteninterpretation von Krisensituationen, die meist mehrheitlich von der Völkerrechtswissenschaft nicht geteilt wurden. Leider ist es wenig wahrscheinlich, dass sich dieses Verhalten in Zukunft ändern wird, sobald bestimmte außenpolitische Interessen als essentiell interpretiert werden und dies gilt besonders für sicherheitspolitische Fragen. Manche Regierungen investierten erheblich darin, völkerrechtliche Vorgaben extensiv und „innovativ" zu interpretieren, um fragwürdiges außenpolitisches Handeln zu begründen und zu rechtfertigen, erkennen dieses aber als Referenzsystem weiterhin an. Im Einzelfall neigen sie dazu, ihre außenpolitischen Ziele auch auf Kosten einer möglichen Verletzung von völkerrechtlichen Normen zu verfolgen, zugestandenermaßen manchmal in einem Graubereich, in anderen Fällen dagegen unter Hinnahme einer klaren Verletzung des Völkerrechts.

In sicherheitspolitischen und einigen völkerrechtlichen Diskursen wird zur Abwehr terroristischer Gefahren verstärkt nach Rechtfertigungen für eine frühzeitige Intervention in anderen Staaten gesucht, mit dem Ziel der Vorverlegung des Eingreifens,

Synthese und Ausblick

das dann für rechtmäßig angesehen wird. Zu erinnern ist an die Politik gezielter Tötungen einiger Staaten außerhalb eines bewaffneten Konfliktes oder an Fälle, in denen ein Staat als nicht in der Lage oder nicht willens wahrgenommen wird, terroristische Aktivitäten wirkungsvoll zu bekämpfen (Überblick zu Problemlagen bei Schaller 2004).

Insgesamt wurde deutlich, dass der Einsatz von Gewalt und seine Rechtfertigung grundsätzlich für alle hier behandelten Staaten möglich sein können. Zwischen dem Westen auf der einen und China und Russland auf der anderen Seite gehen die Positionen jedoch weit auseinander, in welchen Fall(gruppen) dies gelten soll. USA, Großbritannien und Frankreich sind mit Verweis auf eine völkerrechtliche Argumentation häufig bereit, militärisch einzugreifen, wobei sich die Begründungsdiskurse unterscheiden und auch die Bereitschaft, ohne Zustimmung des UN-Sicherheitsrats einzugreifen (zwischen den ersten beiden Staaten und Frankreich). Neben den auslösenden Situationen sind als Determinanten vor allem historische Erfahrungen mit Intervention, Rechtstraditionen und situative politisch-rechtliche Diskussionen des nationalen Interesses maßgeblich. Die Beiträge des Bandes bieten ein reichhaltiges Anschauungsmaterial für zentrale Argumentationslinien.

Einige Beiträge geben Hinweise auf die Autonomiegrade völkerrechtswissenschaftlicher Diskussion im politischen System und zum Verhältnis zum politischen Prozess. Hier unterscheiden sich die Ländererfahrungen erheblich, und es wird deutlich, dass es die Völkerrechtswissenschaft mitunter schwer hat, bei außenpolitischen Kerninteressen eine gewisse notwendige Distanz zu ihren Gegenständen aufrechtzuerhalten, kritische Positionen öffentlich zu vertreten und von der Politik gehört zu werden.

Literatur

Auswärtiges Amt. 2017. Krisen verhindern, Konflikte bewältigen, Frieden fördern. Leitlinien der Bundesregierung. Berlin. https://www.auswaertiges-amt.de/blob/1213498/d98437ca3ba49c0ec6a461570f56211f/krisen-verhindern-data.pdf. Zugegriffen: 15. September 2019.

Duve, Thomas. 2018. Legal traditions: A dialogue between comparative law and comparative legal history. Comparative Legal History 6 (1): 15–33. https://www.tandfonline.com/doi/full/10.1080/2049677X.2018.1469271. Zugegriffen: 15. September 2019.

Kämmerer, Jürgen Axel. 2006. Das Völkerrecht des Kolonialismus: Genese, Bedeutung und Nachwirkungen. Verfassung und Recht in Übersee 39 (4): 397–424. https://www.vrue.nomos.de/fileadmin/vrue/doc/Aufsatz_VRUE_06_04.pdf. Zugegriffen: 15. September 2019.

Koskenniemi, Marti. 1990. The Politics of International Law. *European Journal of International Law* 1 (1): 4–32.

Krieger, Heike. 2008. Die Reichweite der Grundrechtsbindung bei nachrichtendienstlichem Handeln. https://www.kas.de/c/document_library/get_file?uuid=3e1a1354-97ea-e3ce-8fca-813be0845f28&groupId=252038. Zugegriffen: 15. September 2019.

Niederberger, Andreas. 2011. Internationale Ordnung und Steuerung zwischen Recht und Politik. In *Globalisierung. Ein interdisziplinäres Handbuch*, hrsg. von Andreas Niederberger und Philipp Schink, 277–283. Berlin: Springer.

Oberverwaltungsgericht Münster (OVG Münster). 2019. Urteil vom 19.03.2019, Az.: 4 A 1361/15. https://www.justiz.nrw.de/nrwe/ovgs/ovg_nrw/j2019/4_A_1361_15_Urteil_20190319.html. Zugegriffen: 15. September 2019.

Schaller, Christian. 2004. Das Friedenssicherungsrecht im Kampf gegen den Terrorismus. Gewaltverbot, Kollektive Sicherheit, Selbstverteidigung und Präemption. Berlin: SWP. https://www.swp-berlin.org/fileadmin/contents/products/studien/2004_S03_slr.pdf. Zugegriffen: 15. September 2019.

Simma, Bruno. 2002. Bayerischer Rundfunk. Professor Dr. Bruno Simma, Völkerrechtler, im Gespräch mit Dr. Michael Schramm. 20.06.2002. bruno-simma-gespraech100.pdf. Zugegriffen: 15. September 2019.

Werkner, Ines-Jacqueline und Thilo Marauhn (Hrsg.). 2019. *Die internationale Schutzverantwortung im Lichte des gerechten Friedens.* Wiesbaden: Springer VS.

Wissenschaftliche Dienste des Deutschen Bundestages. 2018. Rechtsfragen einer etwaigen Beteiligung der Bundeswehr an möglichen Militärschlägen der Alliierten gegen das Assad-Regime in Syrien. https://www.bundestag.de/resource/blob/568586/e979e0a7348409ce22153522087b3813/wd-2-130-18-pdf-data.pdf. Zugegriffen: 15. September 2019.

Zhao, Tingyang. 2020. *Alles unter dem Himmel – Vergangenheit und Zukunft der Weltordnung.* Berlin: Suhrkamp, i. E.

Autorinnen und Autoren

Lothar Brock, Dr. phil. habil., Senior-Professor am Institut für Politikwissenschaft der Goethe-Universität Frankfurt a. M. und Gastprofessor an der Hessischen Stiftung Friedens- und Konfliktforschung in Frankfurt a. M.

Martina Haedrich, Dr. jur. habil., emeritierte Professorin für Öffentliches Recht und Völkerrecht Friedrich-Schiller-Universität Jena

Wolfgang S. Heinz, Dr. phil. habil., bis Januar 2019 Senior Policy Adviser am Deutschen Institut für Menschenrechte, zuständig für internationale Sicherheitspolitik, UN-Menschenrechtsschutz und Privatdozent für Politische Wissenschaft an der FU Berlin

Sarah Jäger, Dr. theol., Wissenschaftliche Mitarbeiterin an der Forschungsstätte der Evangelischen Studiengemeinschaft e. V. in Heidelberg

Gerd Kaminski, Dr. iur. habil., Univ. Professor an der State University of New York und Leiter des Österreichischen Institutes für China- und Südostasienforschung

Carolyn Moser, Dr., Leiterin der Forschungsgruppe borderlines—Minerva Fast Track Programm der Max-Planck-Gesellschaft, Max-Planck-Institut für ausländisches öffentliches Recht und Völkerrecht, Heidelberg

André Munzinger, Dr. theol. habil., Professor für Systematische Theologie mit Schwerpunkt Ethik an der Christian-Albrechts-Universität zu Kiel

Hendrik Simon, Doktorand (Stipendiat der Hans-Böckler-Stiftung) und wissenschaftlicher Mitarbeiter/Lehrbeauftragter am Institut für Politikwissenschaft an der Goethe-Universität Frankfurt/M.

Paulina Starski, Dr. iur., LL.B., Referentin am Max-Planck-Institut für ausländisches öffentliches Recht und Völkerrecht, Heidelberg und Gastprofessorin für Öffentliches Recht, Europa- und Völkerrecht an der Humboldt-Universität zu Berlin

MIX
Papier aus verantwortungsvollen Quellen
Paper from responsible sources
FSC® C105338

If you have any concerns about our products,
you can contact us on
ProductSafety@springernature.com

In case Publisher is established outside the EU,
the EU authorized representative is:
**Springer Nature Customer Service Center GmbH
Europaplatz 3, 69115 Heidelberg, Germany**

Printed by Libri Plureos GmbH
in Hamburg, Germany